natürlich oekom!

Mit diesem Buch halten Sie ein echtes Stück Nachhaltigkeit in den Händen. Durch Ihren Kauf unterstützen Sie eine Produktion mit hohen ökologischen Ansprüchen:

- 100 % Recyclingpapier
- mineralölfreie Druckfarben
- Verzicht auf Plastikfolie
- Kompensation aller CO_2-Emissionen
- kurze Transportwege – in Deutschland gedruckt

Weitere Informationen unter www.natürlich-oekom.de und #natürlichoekom

Bibliografische Information der Deutschen Nationalbibliothek:
Die Deutsche Nationalbibliothek verzeichnet diese Publikation in der Deutschen Nationalbibliografie; detaillierte bibliografische Daten sind im Internet über www.dnb.de abrufbar.

oekom – Gesellschaft für ökologische Kommunikation mbH
Goethestraße 28, 80336 München

Layout und Satz: le tex, xerif
Lektorat und Korrektur: Christoph Schachenhofer
Umschlaggestaltung: Laura Denke, oekom verlag
Druck: Elanders Waiblingen GmbH, Waiblingen

ISBN 978-3-98726-049-0
https://doi.org/10.14512/9783987262784

PATRICIA McALLISTER-KÄFER

Nur Helden werden uns nicht retten

Über journalistisches Schreiben in ungewissen Zeiten

Für meinen Großvater Emmerich Loibl,
der, selbst Maschinenschlosser, mir die Liebe zum Schreiben, zum
Geschriebenen wie die Liebe zu allem Lebendigen vermittelte.
Und für all jene, die sich davon auch inspiriert fühlen.

Inhalt

Teil 1

Zwischen Apokalypse und »Alles wird gut«

Kapitel 1

»Keep your eyes on the horizon«

Einleitung und Zugang

»All that you touch
you change.
All that you change
changes you.«

Octavia Estelle Butler, Parable of the Sower

Es ist ein frischer, windiger Spätsommermorgen an der irischen Nordküste. Keiran, der Betreiber des Bed & Breakfast, in dem wir auf unserer Reise übernachtet haben, fragt mich, was wir Urlauber heute vorhätten, als ich zum Frühstück komme. Der rauchige Geruch vom Kaminfeuer des Vorabends hängt noch im Raum. Wir wollen nach Tory Island, einer kleinen vorgelagerten Insel. »Gute Idee, heute sollte die Fähre wieder unterwegs sein«, sagt Keiran. Sie könne schon »rough« sein, die eine Stunde Fahrt auf den Atlantik hinaus. Tags zuvor war der Wind zu stark dafür gewesen. »Im Winter fliegen sie die Leute per Hubschrauber raus, weil die Fährfahrt nicht möglich ist«, erzählt er, »für 25 Euro« – der billigste Hubschrauberflug, den eine:r kriegen kann, lacht Keiran. »Anyway«, das Wichtigste bei starkem Seegang sei: »Keep your eyes on the horizon.«

Zwei Stunden später denke ich intensiv an Keirans Worte, meine Hände gegen die Reling gestemmt, als unser kleines Fährschiff über meterhohe Wellen schaukelt und so stark schwankt, dass es mir den Magen aushebt, Wasser über Deck läuft und der Neigungsgrad des Schiffes für eine unerfahrene Seefahrerin wie mich zu verheißen scheint, dass wir mit der nächsten Woge kentern werden. Ich klammere mich an Keirans Rat und starre auf den Horizont, während der Herr neben mir sich übergibt.

Erzählungen – egal ob die in Büchern, Filmen oder journalistischen Reportagen – starten gerne auf diese Weise: mit einem »szenischen Einstieg«.

So ein Einstieg bringt Sie und mich als Erzählerin gemeinsam zu einer bestimmten Zeit an einen bestimmten Ort, an dem etwas passiert, etwas, das eine:n berührt, schockiert, überrascht. Im Idealfall verweist die Anekdote außerdem als Pars pro Toto schon auf das größere Thema des folgenden Textes oder Films – und beides will uns am Ende vielleicht dazu verholfen haben, unsere Welt, unser Leben ein bisschen besser zu verstehen.

So ein Einstieg führt deshalb recht häufig eine Protagonisten-Figur ein, mit der sich eine:r identifizieren kann und die sich im weiteren Verlauf – auch des dokumentarischen, nicht nur des fiktiven Erzählens – nicht selten als Held:in entpuppt. Begegnen wir solchen Held:innen in den unterschiedlichen Arten von Erzählungen, so folgen sie häufig einem konkreten, vorgezeichneten Kurs. Zuerst ziehen sie aus, weil eine Herausforderung sie reizt. Früher oder später sehen sie sich mit einem Konflikt oder drohenden Unheil konfrontiert, was sie aber trotz Widrigkeiten abwenden oder in einer Konfrontation ausschalten können, bevor sie am Ende – siegreich und geläutert – heimkehren.[1] Die emotional berührende Reise dieser Protagonist:innen will Leser:innen bei der Stange halten und zum Weiterlesen anregen.

Ich werde in der nun folgenden Erzählung dennoch nicht Ihre Heldin sein. Warum? Genau davon wird dieses Buch handeln. In seinem Verlauf werden wir gemeinsam überlegen, ob Held:innen nicht vielfach medial konstruiert sind, ob es sie überhaupt braucht und welche Alternativen es zu ihnen geben mag. Eine Reise wird es trotzdem werden, eine, die vielleicht auch berührend, hoffentlich erhellend, dabei aber nicht immer nur gemütlich sein wird.

Unser Leitstern auf dieser Reise ist dabei nicht eine Figur, sondern eine Frage: Wie können wir, die wir beruflich ständig Narrative schaffen – als Journalist:innen und Lehrer:innen, als Wissenschaftler:innen und Kurator:innen, als Politiker:innen oder andere Kommunikator:innen – zukunfts(zu)gewandter, wahrhaftiger, ich möchte sagen: ökologischer erzählen? Tun wir das nicht schon jetzt, mit all unseren Geschichten über Nachhaltigkeit und mithilfe des konstruktiven Journalismus? Und warum sollen gerade Held:innen dabei hinderlich sein?

Ich habe seit dieser Fährfahrt oft darüber nachgedacht, wofür der »Horizont« in unangenehmen oder gefährlich wirkenden Situationen stehen könnte – für die Hoffnung? Für Stabilität? Für das Unerwartete, das dort auftauchen mag? Oder ist der Horizont einfach ein Bezugspunkt? Lassen Sie uns das gemeinsam erkunden. Schreiben wie Lesen führen eine:n manchmal zu überraschenden Erkenntnissen.

Kapitel 2

Wir sind narrativnaiv

Warum Heldenerzählungen ausgedient haben

»There is a crack in everything,
that's how the light gets in.«

Leonhard Cohen, Anthem

Narrative haben enorme Wirkmacht. Erzählungen sind immer auch Ordnungssysteme, sie prägen unsere Vorstellungskraft. Bei Narrativen handelt es sich um Erzählmuster, die Handlungen von Personen (Protagonist:innen oder den Erzähler:innen selbst) nachvollziehbar machen, in Zusammenhänge einbetten, unsere Wahrnehmung der Welt beeinflussen, Sinn stiften. Wie eine:r sich das vorstellen kann? Denken Sie zum Beispiel an Erdöl.

Erdöl ist glänzend und träge. Dieser dicke, schwarze Saft ist der wichtigste Rohstoff unseres Zeitalters, des fossilen Zeitalters. Erdöl ist überall. Es speist unseren westlichen Wohlstand. Es füllt unsere Auto- und Heiztanks, jede Plastikpuppe, die allermeisten Zahnbürsten sind aus ihm gemacht, genauso wie das flüssige Gas im Feuerzeug, Kleidung, Verpackungen, Klebstoffe. Um dieses Erdöl wurden und werden seit Jahrzehnten Kriege geführt, sein Marktpreis beeinflusst die Weltwirtschaft. Und angesichts der dringlicher werdenden Klimakrise müssen wir nun eben »umrüsten«, von fossilen Brennstoffen wie dem Erdöl hin zu erneuerbarer Energieerzeugung. Dieses Narrativ lautet: Erdöl ist der Treibstoff unseres Fortschritts, ohne es ist ein Leben in Wohlstand kaum vorstellbar.

Doch was ist dieses Erdöl eigentlich?

Dazu springen wir weit zurück: Das Leben auf unserem Planeten begann vor dreieinhalb Milliarden Jahren, seitdem leben kleinste Organismen, Plankton und Algen, im Schlamm und Wasser der Meere. Sie leben und sterben, sinken zu Boden und lagern sich dort ab. Diese »Biomasse« verdichtet sich am Meeresgrund unter hohem Druck zu einer Materie mit extremem Energiewert, es entsteht Erdöl. Damit ist Erdöl ein über Jahrmillionen eingespeichertes und komprimiertes Energiereservoir unseres Planeten. Wir verheizen im Zeitalter der fossilen Brennstoffe also tatsächlich unsere erdgeschichtliche Vergangenheit. Und unsere Zukunft gleich dazu.

Als ich vor vier, fünf Jahren zum ersten Mal auf diese zweite Erzählung[1] stieß, ließ sie mich monatelang nicht los. Ich fragte mich, warum mir dieses alternative Erdöl-Narrativ noch nie untergekommen war, warum Umwelt- oder Klimaschutzorganisationen es nicht aufgegriffen haben – gerade als um 2020 klar wurde, dass »Big Oil«-Konzerne den menschengemachten Klimawandel und ihren eigenen Einfluss darauf seit Jahrzehnten vertuschen.[2] Nicht, dass das erste Narrativ nicht *auch* korrekt wäre – ich fragte mich nur, warum es so unhinterfragt und exklusiv Bestand hatte.

In der Berichterstattung rund um Klimawandel und Erderhitzung begegnen uns heute recht häufig Geschichten, die einem der beiden folgenden großen Narrativ-Blöcke angehören: Entweder erzählen sie von der Apokalypse, die Leser:innen oft mit dem Eindruck zurücklassen, es sei für Gegenmaßnahmen ohnehin zu spät. Oder aber sie erzählen von Einzelbeispielen, die uns das Gefühl geben mögen, alles sei nicht so schlimm, »alles wird gut«, im Branchenjargon auch »konstruktiver« oder »lösungsorientierter« Journalismus genannt. Dass diese beiden entgegengesetzten Erzählmuster so häufig auftreten, liegt daran, dass sie sich gut verkaufen.

Das Storytelling in den Nachrichtenmedien hat sich in den vergangenen Jahren in eine Richtung entwickelt, die der Philosoph und Autor Byung-Chul Han als »Storyselling«[3] bezeichnet. Narrative werden »produziert und konsumiert wie Waren«.[4] Und so müssen sie aufgrund gesteigerter Konkurrenz auf den vielen verschiedenen Kanälen entsprechend der Logik der Aufmerksamkeitsökonomie mitspielen und sich eben auch verkaufen (lassen), etwa indem sie Prinzipien entsprechen, die sich etabliert haben, von denen wir denken, dass sie innerhalb dieser Logik funktionieren.[5] Gewissermaßen werden klassische Nachrichtenfaktoren (etwa: Neuigkeit, Nähe, Relevanz) mit erzählerischen Kniffen aus Hollywood verquickt, um mehr Spannung zu erzeugen.

Dazu zählen Geschichten, zu deren Themen das Publikum eine emotionale Nähe hat, Konflikt- oder Erfolgsgeschichten (Best-Practice-Beispiele) mit klaren Grenzen zwischen »den Guten« und »den Bösen«, das Personalisieren von Problemstellungen, indem ein:e Protagonist:in als Held:in durch die Geschichte reist und einen Konflikt nach Möglichkeit im Happy End auflöst, oder auch Figuren, die etwas gegen alle Widerstände zum Besseren wenden, Davids, die Goliaths besiegen – schließlich wollen auch Medien ihre Kund:innen mit einem guten Gefühl zurücklassen. Und es gilt ja auch als didaktisch sinnvoll, von Positivbeispielen im »Kampf gegen den Klimawandel« zu berichten.

Doch dieses Narrativ ist naiv.

Ich unterstelle damit (übrigens immer wieder auch mir selbst), dass viele, die beruflich schreiben oder Geschichten erzählen – Journalist:innen und Lehrer:innen, Schreibende in Wissenschaft und Werbung, Politik und NGOs –, in ihrem täglichen Tun *narrativnaiv* vorgehen. Das heißt, wir machen uns häufig keine großen Gedanken darüber, *wie* wir eine Geschichte dokumentarisch erzählen, wir greifen als Zugeständnis an Auftraggeber:in, Publikum und Zeitdruck auf etablierte Erzählmuster zurück – oder bedienen uns absichtlich des gefälligen »Alles wird gut«-Musters, um die Story besser verkaufen zu können. Es ist ein genauso mögliches Narrativ wie das Heraufbeschwören der Apokalypse[6]. Aber eigentlich führen beide in eine Apathie und lassen uns entweder mit der Angst vor dem Weltuntergang zurück oder mit der vermeintlichen Gewissheit, dass schon noch ein:e Held:in kommen wird, um uns zu retten. Wir tun so, als wäre die Welt und unsere Zukunft auf ihr schon auserzählt.

Die Idee meines Buches ist nicht, diese Narrative etablierter Erzählkulturen zu stürzen, sie zu Fall zu bringen, sondern vielmehr zu ihrer Reflexion, zum Hinterfragen einzelner ihrer Aspekte und so zu einer Transformation anzuregen. Das Buch will jene in ihrem kritischen Bewusstsein unterstützen, die an der existierenden Erzähltradition zweifeln. Bringt uns dieses Narrativ, das sich häufig um eine:n Einzelkämpfer:in dreht, in dem »Gut« und »Böse« klar definiert sind und in dem sich klar konturierte Probleme vermeintlich final auflösen, in dieser Hinsicht weiter?

Ich habe deshalb im vorliegenden Buch unterschiedliche Ansätze von Autor:innen, Künstler:innen und aus der eigenen Praxis zusammengetragen, die Möglichkeiten aufzeigen, wie sich die sich ständig wandelnde Gegenwart angemessener erzählen ließe. Welche anderen Narrative – die sich zwischen Apokalypse und »Alles wird gut« drängen oder vielleicht überhaupt durch die Hintertür kommen – sind denkbar? Welche Geschichten entgehen uns womöglich derzeit, weil sie sich nicht in die etablierten Erzählkonzepte packen lassen? Und: Wie kommen wir (auch aus Rezipient:innensicht) damit zurecht, dass uns Held:innen nicht mehr retten können?

Willkommen im Anthropozän: Den Wandel der Gegenwart begreifen und erzählen

Wann haben Sie Ihre letzte Tierdoku gesehen, vielleicht über Orang-Utans auf Borneo, über südamerikanische Ameisenbären oder die Große Hufeisennase, eine europäische Fledermausart? Unser blauer Planet wird von einer praktisch unüberschaubaren Vielzahl faszinierender, wilder Lebewesen bewohnt, viele von ihnen sind Säugetiere. Wobei, hoppla, so viele sind es im Vergleich gar nicht mehr: Im Februar 2023 veröffentlichten Forscher:innen eine Studie[7], in der sie die globale Biomasse aller Säugetiere auf der Erde neu berechneten, so als hätten sie alle derzeit auf dem Planeten lebenden Individuen, die zu den Säugetieren zählen, auf eine riesige Waage gestellt.

Das Ergebnis wird in der Studie in Form eines Quadrats anschaulich gemacht: Etwas *weniger* als die Hälfte dieses Quadrats machen Menschen aus (390 Megatonnen). Etwas *mehr* als die Hälfte machen unsere Nutz- und Heimtiere aus (630 Megatonnen). Nur zwei kleine Bruchteile des Quadrats stellen den Anteil wilder Säugetiere im Wasser (40 Megatonnen) und an Land (20 Megatonnen) dar. Allein alle domestizierten Schweine bringen gemeinsam rund 40 Megatonnen auf die Waage und haben damit etwa doppelt so viel Gewicht wie die Landsäugetiere aller Arten zusammen, vom Orang-Utan über den Ameisenbären bis zur Fledermaus.[8] Lassen Sie diese Relationen einmal auf sich wirken.

Es lässt sich nicht bestreiten: Wir Menschen haben das angerichtet. Willkommen im Anthropozän.

Hier sind wir am nächsten wichtigen Punkt in meiner Argumentation angelangt. Es ist ähnlich wie bei der Geschichte mit dem Erdöl, Erzählungen wie die von den Säugetieren sprechen uns neben der faktischen auch auf einer ethischen Ebene an: Wir, der globale Norden oder die wohlhabenden Länder auf diesem Planeten, gestalten diesen seit geraumer Zeit gravierend zu unseren Gunsten um. Angesichts dessen, dass wir bereits sechs von insgesamt neun planetaren Grenzen[9] überschritten haben[10], könnte eine:r auch sagen: Wir ruinieren ihn. Und wir tun das seit dem Zweiten Weltkrieg mit einer immer rasanter werdenden Geschwindigkeit, einer »Beschleunigung von Konsum- und Umweltschädigungsraten«[11], die Forscher:innen die *Great Acceleration* nennen. Der schnelle Wohlstand, der beim Ruinieren gerade noch entsteht, kommt in erster Linie wiederum uns Menschen des globalen Nordens zugute.

Das Anthropozän, dass wir Menschen also zu einem bestimmenden Einflussfaktor für unseren Planeten geworden sind, ist ein belegtes Faktum. Wir »wissen« davon. Aber dieses Wissen zu begreifen ist noch einmal schwieriger: weil es dazu die *Einsicht* braucht, dass wir selbst – unsere Generationen unseres Wohlstandes – es sind, die zu einem bestimmenden Einflussfaktor für unseren Planeten geworden sind. Dass *wir* für die Veränderungen, für das Ruinieren verantwortlich sind. Das tatsächlich Schwierige und Unangenehme daran, den Klimawandel zu begreifen, ist also, dass er uns zur Reflexion und zum Bewusstseinswandel zwingt. Er zwingt uns in die Verantwortung. Unter dieser Verantwortung, die uns auch als Geschichtenerzähler:innen ständig begleitet, verstehe ich die selbstempfundene Pflicht, einem imaginierten oder realen Gegenüber auf dessen Fragen, Zweifel oder Protest Antworten schuldig zu sein und diese (bzw. den Versuch einer Antwort) für den Fall des Falles auch tatsächlich parat zu haben.

Ich denke, es wäre eine entscheidende Aufgabe für Journalist:innen, nicht nur das Wissen ums Anthropozän zu vermitteln, sondern auch die daraus resultierende Einsicht mitsamt der Verantwortung, die uns angesichts des Anthropozäns im globalen Norden zukommt – und darüber hinaus, was die demokratische Kernfunktion des Journalismus ist, die Entscheidungsträger:innen unserer Breiten regelmäßig daran zu erinnern. Doch in kaum einem Medium passiert das. Warum nicht?

Die Kritik an Nachhaltigkeitsnarrativ, konstruktivem Journalismus und Heldenmythos in den Publikumsmedien

Der Philosoph und Autor Bernd Scherer stellt in seinem Buch *Der Angriff der Zeichen* einen bestechenden Befund:

> »Die anthropozäne Welt ist mit der Herausforderung konfrontiert, dass die Begriffssysteme, die sich in den wissenschaftlichen Disziplinen der letzten zweihundert Jahre herausgebildet haben, den dynamisierten Welten des Anthropozäns nicht mehr gerecht werden.«[12]

Diese Begriffssysteme sind nicht nur nicht mehr angemessen, sie wirken mitunter wie »Parodien [...] gegenüber der Realität, mit der wir konfrontiert sind«[13]. Aus meiner Sicht trifft das auf drei der derzeit populären Erzählformen zu: auf den bereits skizzierten Held:innenmythos, auf den konstruktiven Journalismus, der positive Einzelbeispiele herausgreift und gern die Selbstwirksamkeit der Leser:innen beschwört, sowie auf das Nachhaltigkeitsnarrativ.

Im deutschsprachigen Raum scheint es häufig, als würden sich Medien – sonst im Sinne des Branchen-Spruchs »Only bad news are good news« für ihre Negativität und Sensationslust kritisiert – gerade in der Kommunikation der Klimakatastrophe weitgehend auf Lösungsansätze konzentrieren, als hätten sie ihre Rolle im Beschwichtigen und in einer Lösungszentriertheit im Sinne des Nachhaltigkeitsnarrativs gefunden. Dieses Narrativ der Nachhaltigkeit[14] präsentiert sich als das Prinzip einer maßvollen, vordergründig gemeinwohlorientierten Kreislaufwirtschaft (obwohl selbstverständlich auch »ökologisch« oder »fair« produzierende Unternehmen marktwirtschaftlichen Erfolgs- und Wachstumslogiken zu entsprechen haben) und suggeriert uns beschwichtigend: Die Negativspirale kommt wieder aus dem Schlingern, wenn wir im globalen Norden nur damit aufhören, über unseren Verhältnissen zu leben. Flaschenpfand her, SUVs weg – und alles wird gut.

Doch diese Annahme übersieht (oder ignoriert?) relevante Phänomene: Einige der von uns in den vergangenen Jahrzehnten losgetretenen Prozesse, siehe die *Great Acceleration* oder die Überschreitung der planetaren Belastungsgrenzen, haben sich derart beschleunigt, dass sie uns entgleiten.[15] Angesichts des Zeithorizonts, den wir Menschen haben, ist sogar zu sagen: Diese Entwicklungen sind irreversibel, sie lassen sich also nicht (bzw. nur mehr in erdgeschichtlichen Skalen) rückgängig machen, etwa das Aussterben von Tier- und Pflanzenarten[16] oder andere »Ewigkeitsaufgaben« wie die Sicherung und Lagerung von Altlasten wie Atommüll. Sie sind Stöcke in den Speichen des Nachhaltigkeitsnarrativs. Vieles, was sich im Anthropozän menschenbedingt verändert hat, ist gar nicht oder wäre nur innerhalb unfassbar langer Zeiträume wiedergutzumachen, nicht aber in der menschlichen Zeitskala. In mancherlei Hinsicht sägen wir also gar nicht mehr an dem Ast, auf dem wir sitzen. Der Ast ist bereits ab.

Das ist mein erster Einwand gegenüber dem Narrativ der »Nachhaltigkeit«: Als Erzählmuster wird sie damit unglaubwürdig und ist für eine ernstgemeinte Auseinandersetzung mit unserer Gegenwart und Zukunft nur bedingt brauchbar.

Vier zeitgenössische Wissenschaftlerinnen und Wissenschaftstheoretikerinnen waren für mich übrigens ausschlaggebend, meine Kritik in dieser Form ausdrücken zu können: Donna Haraway, Lynn Margulis, Isabelle Stengers und Verena Winiwarter. Alle drei kritisieren den erzählerischen Zugang über und/oder den Begriff der Nachhaltigkeit an sich. Sie sprechen von den »Monstrositäten« der Altlasten aus Industrie und militärischer Aktivität, mit denen wir umgehen müssen, von der Nachhaltigkeit als einer Form der Verdrängung[17] und sehen uns potenziell einem »coming barbarism«, einer kommenden Barbarei entgegenblicken.[18] Ihre Überlegungen haben die Kraft, eine:n aus der Bahn zu werfen, sind irritierend, unangenehm – und obwohl ich schon ein bisschen vertraut mit ihnen bin, sind sie das immer wieder auch für mich.

Haraway[19] schreibt, es sei auch beim Geschichtenerzählen »für viele verlockend, der Unruhe zu begegnen, indem sie eine imaginierte Zukunft in Sicherheit bringen«. Dabei bräuchten wir andere, angemessene Erzählungen, gerade in diesen Zeiten:

> »Diese Zeiten, Anthropozän genannt, sind die Zeiten einer artenübergreifenden Dringlichkeit, die auch die Menschen umfasst. Es sind

> Zeiten von Massensterben und Ausrottung; von hereinbrechenden Katastrophen, deren unvorhersehbare Besonderheiten törichterweise für das schlechthin Nichtwissbare gehalten werden; einer Verweigerung von Wissen und der Kultivierung von Responsabilität; einer Weigerung, sich die kommende Katastrophe rechtzeitig präsent zu machen; Zeiten eines nie da gewesenen Wegschauens. [...] Die Zeiten der Dringlichkeiten brauchen Erzählungen.«[20]

Ich sehe, zum Beispiel in den erwähnten Erzählungen zum Erdöl und den Nutztieren, einen Mangel an solchen Erzählungen in Zeiten der Dringlichkeiten in Medien[21] und pädagogischen Einrichtungen, in Politik und Literatur, die gegenwärtige und zukünftige Realität behandeln. Entsprechend widme ich mich in diesem Buch – im Unterschied etwa zum Genre der (eben: fiktiven) *climate fiction* – dem dokumentarischen Schreiben oder Erzählen, wie es in Journalismus, aber auch in anderen dokumentarischen Schreibformaten passiert.

Auf ihrer Suche nach Formen, die dem Katastrophalen und der Monstrosität Ausdruck verleihen, »sie gerade nicht normalisieren, sondern ihre Unbeherrschbarkeit deutlich machen«[22], wird Winiwarter im Nachhaltigkeitsdiskurs nicht fündig. Sie identifiziert einen » imaginativ-reformorientierte[n] Diskurs«, der »unter dem begrifflichen Schirm ›Nachhaltigkeit‹ die Möglichkeit eines guten Ausgangs eines inkrementellen Transformationsprozesses betont«. Altlasten als ein »Typus von Problemkonstellationen, der diese Art des ›guten Ausgangs‹ nicht erkennen lässt«, werden deshalb in diesem Diskurs verdrängt, sie passen einfach nicht hinein, weil dieser Typus eben kein Happy End versprechen kann.[23] Beinahe wortgleich schreibt die Wissenschaftsphilosophin Isabelle Stengers von einer »intrusion of Gaia[24]«, also von einem Eingriff in das lebendige System Erde, den wir zwar verübt haben, aber nicht mehr ungeschehen machen können:

> »Es ist keine Zukunft absehbar, in der sie [Gaia] uns die Freiheit zurückgeben wird, sie zu ignorieren. Es geht nicht um einen ›schlechten Moment, der vorübergehen wird‹, gefolgt von irgendeinem Happy End – im schäbigen Sinne eines ›gelösten Problems‹. [...] Wir werden uns weiterhin für das, was

> wir unternehmen, vor einem unerbittlichen Wesen verantworten müssen, das für unsere Rechtfertigungen taub ist.«[25]

Zahlreiche andere Wissenschaftler:innen schließen sich mit ähnlichen Zitaten an, etwa Reinhard Steurer, der zu Klimapolitik forscht:

> »Diese Angst vor einer Klimakatastrophe ist zu 100 Prozent auf wissenschaftlichen Fakten beruhend, also geradezu eine rational[e] Reaktion. Wir sind nach wie vor mit Vollgas dorthin unterwegs, wo es eben katastrophal wird: in eine deutlich über 2 Grad heißere Welt.«[26]

Ein konstruktiver schreiberischer Zugang zu dieser Entwicklung, eben zum Beispiel in Form des konstruktiven Journalismus, wirkt auf den ersten Blick verlockend tröstlich. Auf den zweiten aber: naiv. Als Metapher für unsere Leben und für alles Leben auf dem Planeten – und damit bin ich bei meinem zweiten Einwand gegen den Modus aktueller Berichterstattung über die Klimakrise und den Zustand unseres Planeten – wird dieser Zugang untauglich.

Und da ist noch ein dritter Einwand: Medien erzählen gerne von Einzelkämpfer:innen, Held:innen sind die Darlings öffentlichkeitswirksamer Storys. Sie »personalisieren« Geschichten. Das heißt: Dokumentarische Medienformate wie Reportagen oder TV-Dokus greifen erzählbare Einzelbeispiele – Personen, Organisationen, Projekte – aus dem Leben heraus, fiktionale Medien (etwa Spielfilme, Romane) erfinden sie. Dem Publikum erscheinen diese Einzelbeispiele nach dem Erzählmodell »Eine:r gegen alle« als repräsentativ, obwohl sie das selbstverständlich nicht sind, was grundsätzlich ja auch keine:r behauptet. Aber allein dadurch, dass ihre von Medienschaffenden vorausgewählten (Lebens-)Geschichten einer bestimmten Dramaturgie folgen, und es ist in diesen Erzählungen eben häufig die Dramaturgie des Held:innenmythos, werden ihre »held:innenhaften« Existenzen für Rezipient:innen zu plausiblen Denkmöglichkeiten. Die Geschichten anderer haben Macht: die Macht, uns zu inspirieren oder zu irritieren, aufzuregen oder zu beruhigen.[27] Sie können uns Mut machen. Oder tieftraurig.

Ob wir es wahrhaben möchten oder nicht: Wir sind absehbar mit Problemen konfrontiert, die nicht mehr von Einzelnen nach vorgegebenen Schablonen wie dem Held:innennarrativ »lösbar« sind. Wir werden über uns hinauswachsen müssen, wollen wir der Zukunft gewachsen sein. Imaginieren wir Gegenwarten und Zukünfte, in die wir uns partizipativ oder kollaborativ, prozessorientiert und wechselwirkend, mit einem biozentrischen Blick auf die Welt hineinbewegen möchten, frage ich mich: Ist die Held:innenreise dafür (noch) eine geeignete Erzählform? Welchen Auftrag haben Held:innen, wenn die Probleme (für Einzelne) unlösbar geworden sind? Sind sie als Figuren noch glaubwürdig? Wir leben in einer jetzt schon und künftig immer mehr von uns beschädigten Welt – ist ein solches Leben für einen Helden oder eine Heldin überhaupt vorstellbar?

Typisch journalistische Geschichten, in deren Lauf Protagonist:innen sich »wandeln«, verheißen, dass wir gestärkt aus Konflikten hervorgehen, sie verheißen Katharsis, Läuterung, Resilienz. Viel wahrscheinlicher ist indes, dass wir in Zukunft bedrängter als jetzt in Ambivalenz, im Unreinen werden leben müssen. Wir werden das Beste aus unseren Leben und dem Sterben auf einem beschädigten Planeten und Frieden mit Dingen machen müssen, die sich nicht mehr heilen lassen, uns anfreunden müssen mit dem Imperfekten – und nicht daran verzweifeln, wenn es kein Happy End gibt. Tröstliche, konsolidierende Erzählungen, die ausloten, wie sich solche nicht-held:innenhafte Leben dennoch leben lassen, finden sich in den Nachhaltigkeitsressorts derzeit kaum. Solche Ansätze verlieren möglicherweise auch ihre Botschaft, pressen wir sie in die tradierten Erzählkonzepte – oder sie passen überhaupt nicht in diese Schablonen hinein.

Wie kommen wir also in ein exploratives Erzählen, ein Erzählen, das uns aus der Gegenwart heraus in unsere Zukunft hineinwachsen lässt?

Über diese Frage – »Wie erzähle ich meine dokumentarische Geschichte?« – können oder wollen sich viele, die professionell (und häufig unter Zeitdruck) Geschichten erzählen, derzeit gar keine Gedanken machen, wenngleich sie womöglich Unbehagen innerhalb des *narrativnaiven* Zugangs verspüren, im Rahmen dessen sie ihre Arbeit erledigen.[28] Das vorliegende Buch will ihnen keine Tipps geben, wie sie »besser« oder »sinnvoller« erzählen könnten, die sich wie Kochrezepte umsetzen lassen. Noch mehr Schablonen braucht es nämlich nicht. Stattdessen will dieses Buch Denkanstöße liefern, die uns zu neuen Erzählstrukturen inspirieren, mithilfe derer wir uns unsere Zukunft erschreiben. Denkanstöße, unser Erzählen zu transformieren. Das ist auch als Hinweis zu verstehen, dass es nicht nur darauf ankommt, was für Geschichten wir erzählen, sondern dass es auch von Gewicht ist, *wie* wir sie erzählen.[29] Und welche Stoffe durch neue Perspektiven erzählbar gemacht würden.

Deshalb möchte ich in diesem Buch einen Zugang zum journalistischen und dokumentarischen Schreiben anregen, den ich als ein »ökologisches Erzählen« bezeichnen werde – im Sinne der Ökologie als Lehre von den Beziehungen zwischen den Lebewesen untereinander und jenen zu ihrer unbelebten Umwelt. Als Geschichtenerzähler:innen bewegen wir uns immer innerhalb eines Ökosystems, das wir als teilnehmende Beobachter:innen wahrnehmen und schließlich beschreiben.

Ein solches ökologisches Erzählen ist zutiefst gegenwärtig, aber mit Bewusstsein auch für Vergangenheit und Zukunft, es speist seine Geschichten aus Beobachtung und Gespräch, aus Verantwortung und Rücksicht. So könnten wir in unseren Erzählmustern z. B. weniger »Erfolgs-« oder »Fortschrittsgeschichten« abbilden und beim Schreiben eher an Gefäße, leer oder voll, denken, oder an einen Unterschlupf, der ohne zu fragen aufnimmt, was Obdach sucht – jedenfalls uns unserer Narrative bewusst werden. Wir könnten daran denken, dass es zu unseren (zukünftigen) Leben dazugehört, ihnen ausgesetzt zu sein. Aus Held:innen könnten Trickster:innen, Sammler:innen oder Aasfresser werden, vermeintlich abgeschlossene Geschichten könnten fluide und offen bleiben. Erzähler:innenstimmen müssen nicht laut, provokant oder von sich selbst überzeugt sein, nein, sie dürfen auch zaghaft oder kauzig, besonnen oder schräg sein. Es geht dabei nicht um einen harten Bruch mit alten Mustern oder um das Herbeierzählen von Apokalypse oder Untergang, sondern vor allem darum, Platz zu machen für all die anderen Stimmen, und die erst zu erfindenden Möglichkeiten zu erzählen.

Wir werden eine solche Vielfalt der Erzählstimmen und der Narrative benötigen, eine, die Transformation und Kollaboration lebt und atmet, wollen wir unserer Zukunft gewachsen sein. Die Vielfalt ist imstande uns dazu anzuregen, unsere Offenheit anderen gegenüber zu entdecken, ihnen aufmerksam zu begegnen, uns für sie zu interessieren – uns nicht nur an ihnen, ihren Erfolgen oder Misserfolgen zu messen. Sie ist imstande uns zu ermächtigen, immer noch lebenswerte, lebensfrohe Welten der Gegenwart und Zukunft zu ersinnen, zu erschreiben, zu gestalten.

Kapitel 3

Unruhig bleiben und *futures-literate* werden

Es braucht mehr Spekulation und Solidarität

In meiner Arbeit als freie Journalistin bin ich regelmäßig konfrontiert mit der Aufgabe, ermutigende (Zukunfts-)Geschichten zu erzählen – und dabei fragte ich mich irgendwann: Laufen wir – angesichts übermenschlicher, gemeinschaftlicher Anstrengungen, die nötig wären, aber aktuell nicht passieren – im Nachhaltigkeitsdiskurs Gefahr, uns selbst zu betrügen, in ein »Wir tun eh, was wir können« zu flüchten, uns in falscher Sicherheit zu wiegen? Sind einzelne, nachhaltige Erfolgsgeschichten geeignet, uns die Kompetenz zu vermitteln, der Zukunft gewachsen zu sein, ein möglichst gutes Leben (und Sterben) für uns alle zuzulassen? Folgen etablierte Held:innen-Narrative nicht vielmehr genau jener Wachstums- und Erfolgslogik, die dieses schreckliche Schlamassel überhaupt erst angerichtet hat?

Dank einer Anregung[1] stieß ich auf den Begriff der *futures literacy,* ein Konzept der Unesco, das sich mit unserer Zukunftsgestaltungskompetenz auseinandersetzt. Und dabei auch im Hier und Jetzt greift: »Futures Literacy (...) ist die Fähigkeit, sich vielfältige und multiple Zukünfte vorzustellen und Zukünfte als Linsen zu verwenden, durch die wir die Gegenwart neu betrachten«[2], zum Beispiel im Sinne eines Nachdenkens über unsere Verantwortung nachfolgenden Generationen gegenüber: Wie werden wir unseren Enkelkindern einmal Rede und Antwort stehen?

Die Unesco attestiert der Gegenwart »einen Wandel der Bedingungen des Wandels«. Und liest eine:r Donna Haraways *Unruhig bleiben,* lässt sich die von ihr in den Blick gefasste, titelgebende Kompetenz des Unruhigbleibens als eine Art *futures literacy* begreifen: »Unruhig zu bleiben erfordert [...] es zu lernen, wirklich gegenwärtig zu sein«; es gelte, »zu wirkungsvollen Reaktionen auf zerstörerische Ereignisse aufzurütteln, aber auch die aufgewühlten Gewässer zu beruhigen, ruhige Orte wieder aufzubauen«.[3] Die Unesco-Definition lautet: »Zukunftsgestaltungskompetenz regt die Vorstellungskraft an. Sie verbessert unsere Fähigkeit, uns angesichts des Wandels vorzubereiten, zu erholen und zu erfinden.«[4]

Ich lese die Texte von Haraway wie die der Unesco als Aufrufe zu mehr Spekulation und Solidarität, die auch in meinen Zugang des ökologischen Erzählens einfließen. Angesichts der gravierenden Einsprüche gegen das Narrativ der Nachhaltigkeit halte ich mich dabei an Leitfragen wie diese: An welchen Geschichten können wir, können unsere Nachkommen werden, um eine Chance darauf zu haben, einer prekären Zukunft gewachsen zu sein?

Unbestritten ist für mich dabei, dass das Schreiben – dokumentarisches wie kreatives Schreiben, aber auch andere Formen des Erkundens in filmischen oder akustischen Medien – dafür essenziell ist: Schreiben im Sinne eines schreibenden Erkennens oder sogar Lernens, prozesshaft, Reflexionen und Visionen ermöglichend, Erkenntnisse und Irrtümer dokumentierend. Die Ordnung, die wir mit einer selbst oder neu erzählten Geschichte, erschaffen, besteht indes nur dort. Das ist ein bisschen befriedigend und hilft vielleicht einigen beim Sortieren ihrer Gefühle und Gedanken, aber es muss uns klar sein, dass unsere Geschichten nur lauter dünne Fädchen in einem riesigen, weltumspannenden Gewebe sind – mit dem ökologischen Potenzial, weitere Fadenspinnende, Weber:innen, Stoffhändler:innen zu inspirieren, aber auch mit dem Potenzial, zu reißen. Denn Schreiben ist – wie Lesen, Sehen, Hören – immer auch ein Erproben zukünftigen Tuns, ein Ausloten von Ungewissem. Es hat die Macht, uns anzuspornen oder einzulullen.

Abschließend seien nun noch vier zentrale Punkte erwähnt, die meinen Zugang zum dokumentarischen Schreiben charakterisieren.

Wem oder was schenken wir unsere Aufmerksamkeit?

In einem Zeitalter der Dringlichkeiten ist von großer Relevanz, wem bzw. welchen Phänomenen oder Tätigkeiten wir Aufmerksamkeit schenken. In ihrem Buch *Nichts tun* führt die Künstlerin und Autorin Jenny Odell vor, wie die »Aufmerksamkeitsökonomie« – die Branche der sozialen wie traditionellen Medien und Werbung – mit unserer Zuwendung ihr Geld macht.[5]

Odell zufolge könnten wir erkennen, »dass das, was wir sehen [im Sinne von: womit wir uns beschäftigen; Anm. d. A.], die Grundlage für unser Handlungsvermögen bildet«. Denn »dann wird nur allzu deutlich, wie wichtig es ist, unsere Aufmerksamkeit gezielt auszurichten«[6], auch, um sich (gemeinschaftlichen) Herausforderungen stellen zu können.[7] Wir müssten uns immer wieder dafür bzw. dagegen entscheiden, bestimmten Inhalten unsere Aufmerksamkeit zu schenken – und dürften uns vor allem nicht den nächstbesten und gefälligsten, z.B. im Sinne eines algorithmisch vorausgewählten *more of the same* oder eines »Was wir hören wollen«, hingeben. Odell zitiert[8] den Technikethiker James Williams aus einem Blogpost über Werbeblocker:

> »Wir erleben die externen Effekte der Aufmerksamkeitsökonomie nur tröpfchenweise und neigen daher dazu, sie etwas verwundert mit Begriffen wie ›lästig‹ oder ›ablenkend‹ zu beschreiben. Aber das ist eine gravierende Fehleinschätzung ihrer Natur. Kurzfristig können Ablenkungen uns davon abhalten, die Dinge zu tun, die wir tun wollen. Längerfristig jedoch können sie sich anhäufen und uns davon abhalten, das Leben zu leben, das wir leben wollen, oder, was noch schlimmer ist, unsere Fähigkeit zur Reflexion und Selbstregulierung untergraben [...].«[9]

Was für die verbrachten Momente auf Webseiten mit blinkenden Werbeeinschaltungen oder den Bewegtbildfeeds sozialer Plattformen gilt, gilt womöglich auch für unsere Leben, vielleicht sogar für die Existenz unserer Spezies.

Für vielstimmigere und heterogenere Erzählungen

Es gibt eine Unzahl unerzählter Geschichten über die Zukunft – wie über die Gegenwart. Derzeit sind deren Strukturen und Inhalte maßgeblich von Kurator:innen und Autor:innen des globalen Nordens bestimmt. Sie suggerieren etwa, dass auch vertrackte Probleme ein für alle Mal »gelöst« werden können oder Stärke zum Erfolg führt. Ergänzend bräuchte es vielstimmigere, nuanciertere, durchwachsenere, feinsinnigere Erzählungen. Denn:

»Es wird keine andere Antwort als die barbarische geben, wenn wir nicht lernen, vielfältige, divergierende Anstrengungen und Engagements in diesem Schöpfungsprozess miteinander zu verbinden, so zögerlich und stotternd er auch sein mag. «[10]

Wir Geschichtenerzähler:innen tragen Verantwortung. Manchmal bedeutet das einfach auch: selbst den Schnabel zu halten und andere zu Wort kommen zu lassen.

»Denken müssen wir«[12] als Bruch mit unzeitgemäßen Traditionen

Haraway plädiert für eine »neugierige Praxis«[13], die den intelligenten Traditionsbruch einschließt. Sie empfiehlt, zu denken und zu reflektieren, und bezieht sich auf Hannah Arendt, die Denken als »seine Einbildungskraft im Wandern üben« charakterisierte. Das bedeute, »sich abseits ausgetretener Pfade zu wagen, um überraschende, nicht-natale Verwandte zu treffen und mit ihnen Gespräche zu beginnen«, und auch: »Verantwortung für die Begegnung zu übernehmen, um die man nicht gebeten hatte«[14]. Es geht darum, neue Denkwege zu erschließen, vielleicht auch als »women who make a fuss«, also »Frauen, die einen Wirbel machen«:[15]

»Die eigentliche Stärke von Frauen, die einen Wirbel machen, besteht nicht darin, dass sie die Wahrheit repräsentieren, sondern darin, Zeuginnen der Möglichkeit anderer Arten des Machens zu sein, die eventuell ein ›Besser-Machen‹ sind. Der Wirbel ist nicht die heroische Proklamation einer großen Sache. [...] Er bestätigt vielmehr die Notwendigkeit, sich der lähmenden Impotenz zu widersetzen, die dem ›Es gibt keine Möglichkeit, es anders zu machen, ob wir wollen oder nicht‹ entspringt, das inzwischen überall regiert.«

Es sei »höchste Zeit, einen solchen Wirbel zu machen«[16], schreibt Haraway. Wir können uns schließlich auch unsere eigenen Traditionen erfinden – etwa diese: Anstatt eine Heldin oder einen Helden in den Mittelpunkt einer Geschichte zu stellen, könnten wir einer Frage oder einem »Erkenntnisinteresse« diesen Platz überlassen. Damit würden wir Erzähler:innen die

Geschichte vorantreiben und einen entscheidenden Widerspruch aufrechterhalten: eine Recherche (oder Erzählung) zu fokussieren und dabei doch – wenn es nötig ist – auch genug Freiraum offenlassen, einer anderen Indizien- oder Gedankenspur zu folgen.

Solidarische Anforderungen ans Erzählen im Sinne einer *futures literacy*

Haraway spricht im Zusammenhang des »Sich-verwandt-Machens« mit neuen Verwandten – mit Menschen anderer Zeiten, Verstorbenen wie Ungeborenen, mit Menschen anderer Orte, aber auch mit anderen Lebewesen, ob Nutz- oder Wildtiere, Pflanzen, Pilze, Mikroorganismen oder ganzen Ökosystemen – davon, dass, sie als Verwandte anzuerkennen, die »vielleicht schwierigste und dringlichste Aufgabe« sei.[17] Sie versteht darunter die Praxis, sich als Kumpan:innen zu solidarisieren. Eine solche Solidarisierung muss jedoch behutsam passieren, sie darf nicht übergriffig sein.[18] »Sich verwandt zu machen ([...] als Kategorien der Zugewandtheit, als Angehörige ohne Geburtsbande, als laterale Angehörige und viele andere Resonanzen) kann die Imagination weiten und die Geschichte verändern.«[19] Es handelt sich also um eine feinsinnige Solidarisierung, die Raum dafür lässt, dass zum Beispiel eine Erfahrung aus der Perspektive jenes Gegenübers, mit dem ich mich solidarisiere, diesem Gegenüber etwas ganz anderes bedeuten kann als mir selbst (selbst wenn es auch ein Mensch ist).[20]

Auch angesichts aktueller Kriege scheint es mir am plausibelsten, möglichst ideologiefrei und mit viel Empfindsamkeit zu versuchen, den Schmerz aller Seiten wahrzunehmen – im Sinne jener Anekdote, die die Philosophin Cora Diamond von George Orwell aus seiner Erfahrung im und Erinnerung an den Spanischen Bürgerkrieg überliefert:

> »Dort ist es ihm passiert, dass er außerstande war, auf einen halbbekleideten Mann zu schießen, der oberhalb des Schützengrabens einen Wall entlanglief und dabei mit beiden Händen die Hose hochhielt. ›Ich war hierhergekommen‹, [schreibt Orwell, Anm.], ›um auf ›Faschisten‹ zu schießen, doch jemand, der seine Hose hochhält, ist kein ›Faschist‹, sondern er ist offensichtlich ein Mitgeschöpf, das einem selbst ähnelt und auf das man nicht schießen mag.‹«[21]

Der Unterschied zwischen unserer aktuellen Situation und der von Orwell geschilderten ist bloß: Wir sind in diesem Bild Opfer *und* Täter. Wir sind diejenigen, die den Finger am Abzug und gleichzeitig die Hose unten haben.

Teil 2

Denkbilder für ein ökologisches Erzählen

Welchen Auftrag haben Held:innen, wenn Probleme unlösbar sind?

Mit den Lockdowns öffnete sich – bei allen Schrecken, die die Covid-Pandemie verbreitete – »ein kleines Fenster«, wie der Philosoph Bernd Scherer schreibt. »Wir sollten, um Handlungsspielräume zu gewinnen, dieses Fenster ein Stück weit offen halten und die Zeit nutzen, um die Frage zu beantworten, welche Welt wir eigentlich wollen.«[1] In diesen Fensterspalt möchte ich nun einige Denkbilder für ein ökologisches Erzählen im Sinne einer *futures literacy* setzen. Welche Narrative sind es, welche Sprache ist es also, die unserer bereits dramatischen Gegenwart wie auch unserer Zukunft gewachsen sein könnten?

Die folgenden Anregungen, gespickt mit vielen Textbeispielen, sollen all jene unterstützen, die sich mit der gängigen Art des Erzählens nicht wohl fühlen, die weder der Apokalypse noch dem »Alles wird gut« das Wort reden wollen. Im Hauptteil dieses Buches sind also Thesen zu einem ökologischen Erzählen in einer möglichst »schreibpraxisnahen« Herangehensweise versammelt – eine Sammlung, die einen ersten Ansatz darstellt. Sie hat sich aus meiner eigenen journalistischen Praxis sowie der beim Begleiten von Schreibprozessen entwickelt. In Literatur und Film, in Medien und Kunst fand ich weitere Anregungen und Hinweise, um meinen Zugang zu entwickeln – dies spiegelt sich in den vielen besprochenen Beispielen im Text wider. Es handelt sich also um eine Art Indiziensammlung für ein mögliches Erzählen in Sinne einer *futures literacy*. Diese Sammlung ist weder abgeschlossen, noch will sie Handlungsanweisungen geben. Viel eher geht es um Reflexionen und Denkbilder, die dazu anregen wollen, wie wir anders – zukunftszugewandter, inspirierter, verantwortungsbewusster, unser Narrativ reflektierend –, wie wir ökologisch erzählen könnten.

Kapitel 4

Wo bleibt das Happy End?

Die Tragetasche als Erzählmuster

»Even denial is romantic.«

Feist, Love Who We Are Meant to

Stellen Sie sich vor, Sie wachsen in einer Familie auf, in der jedes Mitglied eine Superkraft besitzt – nur Sie selbst haben keine. So geht es Mirabel Madrigal im Disney-Musical *Encanto*[1] (spanisch für »Verzauberung«). Die Schwester ist stark wie *Hulk*, der Cousin kann mit Tieren sprechen, die Mutter jede Krankheit mit Essen heilen. Mirabel gehört selbstverständlich zur Familie dazu, irgendwie aber auch nicht, weil ihr zum Zeitpunkt ihrer geplanten Initiation das Geschenk einer »Gabe« oder Superkraft verweigert wurde. Im Laufe des Films blitzt aber schließlich doch auf, was sie ausmacht: Sie konfrontiert die Familie mit deren eigenen Abgründen, hat verlorene Mitglieder aufzusuchen und Prüfungen zu bestehen – und am Ende wird natürlich alles gut.

Eigentlich klingt das nach einer typischen Helden-, in diesem Fall nach einer Heldinnengeschichte. Doch halt. Hier ist irgendetwas faul, irgendetwas anders, als wir das aus anderen heroischen Blockbustern kennen: Am Ende wird die Nicht-Heldin nämlich nicht etwa endlich in den Kreis der Superheld:innen aufgenommen, nein. Stattdessen hat Mirabel sich und den Status ihrer Familie in Frage gestellt und damit ihre Familienmitglieder auf den Boden der Realität geholt, sie *ent*zaubert. Am Ende sind die Superhelden Normalos und machen als »kleine Leute« weiter.

Ein Zauber, eine Flamme, eine Familie, ein Haus – und eine Heldin?

Es ist nur ein kurzer Essay, auf wenigen, reclamheft-großen Seiten, den Ursula K. Le Guin (eigentlich Science-Fiction-Autorin, aber in dem Fall erzähltheoretisch motiviert) 1988 veröffentlichte: ihre *Carrier Bag Theory of Fiction*, auf Deutsch: *Die Tragetaschentheorie des Erzählens*. Le Guin schreibt darin zwar in erster Linie über fiktive Geschichten, doch möchte ich im Folgenden vorschlagen, ihre Theorie auch im Journalismus anzuwenden.

Ihr Essay ist trotz seiner Kürze von enormem Gewicht: Le Guin ergründet darin den Ursprung der Heldengeschichte, die, teleologisch, also zielgerichtet, eine Entwicklung beschreibt, eine Erfolgs- oder Fortschrittserzählung. Le Guin argumentiert: Männlich geprägte Helden- und Actiongeschichten seien »Killergeschichten«, in deren Kern stets ein Konflikt stecke, in denen meistens »Stöcke und Speere und Schwerter« zum Einsatz kommen, »jene langen, harten Dinger, mit denen man schlagen, stechen und hauen kann«.[2] Als eine Art Phallus der Narrative verläuft die Heldengeschichte linear, sich vorwärts entwickelnd. Wie ein Pfeil, der trifft, endet sie am liebsten mit einem Happy End. Sie schließt eine Handlung ab und macht den Erzählstoff so zu einem verfügbaren Produkt, anstatt seine Prozesshaftigkeit anzuerkennen, die über den Moment der Beobachtung (bzw. erzählerischen Begleitung) stets hinauswirkt.

In meiner Arbeit als freie Journalistin und als Texterin für Unternehmensmedien sehe ich mich immer wieder mit einem Appell konfrontiert, »ermutigende« Geschichten zu liefern. Darunter verstehen Auftraggeber:innen in erster Linie: Geschichten, die (im Kleinen) gut ausgehen, ein Happy End haben. Gerade im Bereich der Nachhaltigkeits-, Umwelt- und Klimaberichterstattung erscheint mir diese Tendenz aber mittlerweile wie eine Floskel: Ein Positivbeispiel – etwa ein Start-up, jemand mit einer innovativen Idee usw. –, in dem eine:r ein Problem »gelöst« hat, wird vor den Vorhang geholt und der oder die Protagonist:in als Held:in präsentiert.

Diese Ausprägung des konstruktiven Journalismus entspricht, wie in der Einleitung erwähnt, häufig eher einem *Storyselling* denn einem journalistischen Geschichtenerzählen. Denn die tatsächlich kritischen Fakten – dass viele unserer bereits passierten Eingriffe ins planetare System unumkehrbar sind, und »Nachhaltigkeit« damit eine Illusion – kommen gar nicht aufs Tableau. Sie bleiben ein *Elephant in the Room,* wie derartige Phänomene im Englischen bezeichnet werden: ein gegenwärtiges, den Anwesenden aber unangenehmes, peinliches, bedrohliches Phänomen, mit dem Potenzial, den vorgesehenen Ablauf zu stören, zu verhindern oder ad absurdum zu führen, weshalb es lieber ignoriert oder jedenfalls nicht angesprochen wird.

Die Leser:innen werden stattdessen mit dem wohligen Gefühl des gelingenden Einzelbeispiels abgespeist, das die Ausweglosigkeit der Situation wieder gar nicht so dramatisch erscheinen lässt. Den agierenden Journalist:innen (inklusive immer wieder auch mir selbst), Chefredakteur:innen und Herausgeber:innen muss eine:r hier auch gar keine böse Absicht unterstellen: Sie bevorzugen konstruktive Geschichten einfach, weil auch sie nicht unbedingt diejenigen sein wollen, die dem Publikum ziemlich üble Nachrichten überbringen, wofür sie die Leser:innen vielleicht mit Aufmerksamkeitsentzug strafen – oder ihr Abo kündigen. Denn der alte Newsmedia-Spruch »Only bad news are good news« – im Sinne von: »Nur schlechte Nachrichten verkaufen sich gut« – wäre in Zeiten der Klima- und anderer existenzbedrohender Krisen erweitert zu formulieren: Schlechte Nachrichten verkaufen sich gut, solange sie den Käufer:innen nicht im Hals stecken bleiben.

Dabei müssen wir sowohl als Journalist:innen als auch als Rezipient:innen erkennen: Wir können die Zukunft nicht in Sicherheit bringen, mit keiner konstruktiven Story, mit keinem Happy End. Der in diesem Buch dokumentierte Versuch, einen derartigen »Elefanten im Raum« erzählerisch zu vermitteln, die Beantwortung der Frage, ob bzw. wie wir uns (und einander) doch mit ihm konfrontieren können, bleibt jedoch skizzenhaft.

Le Guin zum Beispiel schlägt als alternative Ordnungsstruktur zur sich linear entwickelnden und nach einem Happy End dürstenden Heldenreise ihre *Tragetaschentheorie* vor. Indem wir die Narrative unserer Geschichten eher an Gefäße, Gebinde, Körbe, Beutel, Häuser, Körper anlehnen, denn an Fortschrittsentwicklungen im Sinne eines Höher, Größer, Schneller, Mehr. Ihre Tragetaschen können auch Konflikte enthalten, bloß: »Die Verkürzung des Erzählens auf den Konflikt ist absurd.«[3] Stattdessen lässt sich in diesen Gefäßen sammeln, vermengen, aufbewahren, was »nützlich, essbar oder schön«[4] ist – und dabei doch auch spannend erzählen. Natürlich sei diese Spannung, Le Guin zieht Beispiele aus urgeschichtlicher Zeit heran, bei einer spektakulären Mammutjagd einfacher aufzubauen als etwa in einer Erzählung darüber, wie wilden Haferpflanzen in mühsamer Kleinarbeit verwertbare Getreidekörner abgerungen wurden (in den gemäßigten und tropischen Weltregionen stammte der überwiegende Teil unserer steinzeitlichen Ernährung aus Wildsammlungen, wie sie betont[5]). Aber es sei nicht unmöglich, so Le Guin – und wer hat behauptet, dass Erzählen einfach sei?

Diese Theorie, auf die sich u. a. Donna Haraway bezieht, könnte für ein ökologisches Erzählen im Sinne einer *futures literacy* fruchtbar sein. Wie und warum?

Ein Happy End als Sackgasse

Schreiben ist – wie lesen – ein Ausprobieren. Zukünfte lassen sich so imaginieren, die Vergangenheit lässt sich umschreiben, die Gegenwart alternativ interpretieren. Im Prinzip ist jedes Buch, ja jede Geschichte ein Gedankenexperiment.

Wir üben damit Denkmuster ein. Abgeschlossene und immer gleiche Handlungsverläufe von Frauen, die gerettet werden müssen, Teams, in denen jeder/jede seine/ihre fix zugeschriebene Rolle (zu erfüllen) hat, ein James Bond, der niemals stirbt. Einzelne Szenen sind spannend, ja, aber nicht zu aufreibend, weil im Grunde das Bewusstsein in uns wohnt: Unser/unsere Held:in darf nicht umkommen. Wir erkennen verschiedene Stationen seiner/ihrer Reise wieder, wir wissen, dass es da eine lustige *Sidekick*-Figur oder einen/eine anziehende:n Schöne:n gibt, für die/den es sich zu siegen lohnt – all diese Erwartbarkeiten geben uns Zusehenden auch Sicherheit und Orientierung, das Gefühl, dass wir uns in dieser Geschichte (auch lesbar als: in diesem Leben, in dieser Welt) auskennen, dass wir in ihr zuhause sind. Eine Bestätigung, die angenehm, mittlerweile aber vielleicht eher ein Trugbild ist.

Denn heute sind wir mit Problemen konfrontiert, die für einen/eine Einzelkämpfer:in nicht (mehr) lösbar sind. Spätestens seit der Covid-19-Pandemie bemerken wird das. Politiker:innen verweisen immer wieder auf die globale oder zumindest transnationale Dimension von Klimakrise, Wirtschaftskrisen, Kriegen, dem Umgang mit Migration und Altlasten. Welche Geschichten können in diesen Kontexten »gut« ausgehen? Manövrieren wir uns mit dem Happy End nicht in eine Sackgasse, in der wir uns selbst einlullen, während wir eigentlich immer weiter in Richtung »Untergang« driften?

Schauen wir uns dazu Mirabel Madrigal in *Encanto* an: Als Anti-Heldin macht sie sich dennoch auf eine magische Reise – mit unübersehbaren Anleihen an der Held:innenreise, aber sanft umgemodelt in Richtung „Tragetasche“: Sie will den Familienzauber, symbolisiert durch das magisch-lebendige Familienhaus und eine immerbrennende Kerze, vor Zusammenbruch und Erlöschen bewahren.

Und ja, auch diese Geschichte geht »gut« aus, aber ihr Ende ist nicht nur ein Happy End, es hat einen ungewohnten Beigeschmack: Die »Heldin« Mirabel, die zu keinem Zeitpunkt so richtig eine war, hat nämlich ihre Familienmitglieder von deren Superheld:innenpodesten auf den Boden der Realität heruntergeholt. Plötzlich sind alle, selbst die Großmutter und Patriarchin Alma, ganz nah- und angreifbar. Zweitens passiert das betriebsame Gewusel beim gemeinsamen Wiederaufbauen des Hauses am Ende in einer neuen Art und Weise, mit neuer Lebenseinstellung. Da hat ein Bewusstseinswandel, eine Haltungsänderung in der ganzen Gemeinschaft stattgefunden, während übliche Held:innenreisen stark auf die Wandlung der einzelnen Held:innen fokussiert. Drei Anhaltspunkte dazu sind die folgenden:

- Mirabel legt den Finger in die Wunden ihrer Familie, sie spricht ein Unbehagen an (Großmutter Alma fürchtet, dass der Zauber schwinden könnte) und spürt ihrem ausgestoßenen Onkel nach. Sie konfrontiert sich selbst und ihre Familienmitglieder mit dem Unangenehmen und hält sich selbst und allen gemeinsam den Spiegel vor: Die Familie ist lange Zeit mit Scheuklappen unterwegs gewesen. Dank Mirabel stellen sie sich nicht einzelnen externen Gegenspieler:innen oder Widersacher:innen – sie befassen sich damit, worüber eigentlich nicht gesprochen wird (»We don't talk about Bruno«), mit den eigenen Abgründen. Das Eingeständnis, dass solche vorhanden sind und in sie hinabgeblickt werden kann, ist schwierig, oft schmerzhaft, aber es gibt eben die Möglichkeit und den Handlungsspielraum, es zu tun. Interventionen sind möglich. Sie irritieren zuerst grob, können potenziell aber zu einer neuen, wahrhaftigeren Lebensgrundlage für alle führen.
- Selbst Superheld:innen sind imperfekt. Nach der Wandlung, am Ende des Films dürfen sie hier plötzlich auch ihre Schwächen ausleben – die stets starke Luisa etwa bekennt im Schlusslied, dass auch sie manchmal weint, oder Großmutter Alma, dass sie bisher in einer wohl zu perfektionistischen Art und Weise über ihre Familie gewacht hat.
- Das Zusammenleben in Familien ist wie in anderen Gemeinschaften immer wieder mit Missverständnissen, Kränkungen, Stress oder anderen Auseinandersetzungen verbunden. Für Mirabel ist da neben

dem geheimnisvollen Verschwinden ihres totgeschwiegenen Onkels Bruno etwa auch der Clinch mit ihrer Schwester Isabela und der Disput mit Großmutter Alma. Ein Zusammenleben ist immer auch ein Aneinandergewöhnen, das ohne Reibungen oder Reibereien gar nicht möglich wäre (sonst lebt eine:r eher nebeneinander her) – doch muss es nicht der eine zentrale Konflikt sein, von dem die ganze Geschichte abhängig ist.

Die Spannung in der Unberechenbarkeit, im Unbegreiflichen

Damit verweist *Encanto* auf eine Eigenschaft von Geschichten, die diese ja gerade interessant macht: auf ihre Irritabilität. Geschichten können sich, folgen sie nicht der Held:innenreise, jederzeit in alle möglichen (in der Fiktion sogar in alle unmöglichen) Richtungen entwickeln. Damit haben sie etwas mit uns und allen Lebewesen gemeinsam. Warum, das beschreibt Philosoph Hans Jonas:

> »Offenheit zur Welt hin ist eine Grundbedingung des Lebens überhaupt. Ihre elementare Bekundung ist die bloße Erregbarkeit [engl. Original: *irritability*; Anm. d. A.], die Empfindlichkeit für Reize, wie sie die einfache Zelle als einen unabdingbaren Aspekt ihres Lebendigseins an den Tag legt.«[6]

Jeder Organismus reagiert anders auf Einflüsse von außen als ein anderer, ob wir nun von Einzellern, Graugänsen oder Menschen sprechen.[7] Wir sind alle unberechenbar – und starke Geschichten sind das auch. Das ließe sich jetzt als plumper naturalistischer Fehlschluss entlarven. Aber es gibt auch andere Argumente dafür, etwa eines des Philosophen und Autors Bernd Scherer. Er plädiert dafür, dass der Mythos (und ein solcher ist auch die Held:innenreise)

> »nicht als fester Bezugspunkt, sondern als ein Weltentwurf betrachtet werden [sollte], dessen Erfahrungs- und Denkwelt fortgeschrieben werden kann und der nicht wie in einem linearen Zeitmodell als Relikt zu behandeln ist.«[8]

Als Beispiele bringt er Ovids *Metamorphosen* in den Diskurs ein, die aus seiner Sicht Denkbilder schaffen, »mithilfe derer die Welt des Anthropozäns gelesen werden kann«. Denn diese Sammlung an mythologischen Geschichten über verschiedenste »Verwandlungen« folgen keinen erkennbaren Mustern, eine Kuh wird zur Nymphe (Io), ein König (Lycaon) in einen Wolf verwandelt, Narziss in eine Blume, die Bergnymphe Echo in Gestein und Widerhall. Was ihnen jedoch gemein ist, ist ein »Kippmoment«, wie Scherer beschreibt: »Eben schien der Protagonist noch alles unter Kontrolle zu haben, schon wird er zum Opfer seines eigenen Handelns.«[9]

Eine:r denke etwa nur an die Liebesgeschichte von Pyramus und Thisbe[10], die auch aus den *Metamorphosen* stammt: Die zwei jungen Liebenden müssen sich heimlich nachts treffen, weil ihre verfeindeten Familien es sonst verbieten würden. Dabei verpassen sie sich jedoch am vereinbarten Treffpunkt, unter einem großen Maulbeerbaum, und alles kippt: Erst begeht Pyramus – der glaubt, dass seine Geliebte von einer Löwin getötet wurde – Suizid, und dann auch Thisbe, als sie verspätet zum Treffpunkt kommt und den Geliebten sterbend vorfindet. Die Verwandlung ist hier übrigens die des Maulbeerbaums, dessen weiße Früchte, vom Blut der Liebenden getränkt, sich fortan dunkelrot färben.

Es ist jener Stoff, den wir heute vor allem aus Shakespeares *Romeo und Julia* kennen. Scherer beschreibt das antike Verhältnis der Menschen zu den Geschichten aus den *Metamorphosen* so: »Der Mensch stand dabei nicht einer Welt gegenüber, die er mit Begriffen zu beschreiben wusste – er war vielmehr Teil einer Welt, die er in der Regel nie in Gänze begriff.«[11] In unserem heutigen Weltverständnis gehen wir westlichen Menschen hingegen in der Regel davon aus, dass wir die Welt (vermeintlich) vollständig katalogisiert und vermessen haben, dass uns (vermeintlich) kaum noch etwas überraschen kann, wir (vermeintlich) für alles eine Erklärung haben. Ovid hingegen zieht – so Scherer – seine Leser:innen damals wie heute in eine Welt, »in der er gezwungen ist, die Zeichen immer wieder neu zu lesen, sich ihnen nie einfach anzuvertrauen«.[12]

Die Held:innenreise indes verführt uns genau dazu: Uns zwar beim Begleiten der Protagonist:innen auf Gefahren, Schmerz und Leid einzulassen – stets aber mit der behaglichen Gewissheit, dass sowieso alles gut ausgehen wird (weil »alles unter Kontrolle« ist bzw. weil wir alles unter

Kontrolle zu haben meinen). Zum Vergleich: Für Pyramus und Thisbe bestand das Happy End darin, dass die eigentlich verfeindeten Eltern die Liebe der beiden jungen Leute nach deren Tod derart rührt, dass sie sie in einer gemeinsamen Urne bestatten. Ein gemeinsames Ende, aber kein glückliches.

In den *Metamorphosen* ist es »eine instabile Welt, durch die er [der oder die Leser:in] zu navigieren lernen muss«.[13] Ist es nicht eigentlich genau das, was auch wir in unserem Heute wieder lernen müssten, um auf Unberechenbares, Unerwartetes, Ungewisses, Unbegreifliches – auf Lebendiges gefasst zu sein?

Immer wieder aufs Neue hineinlesen, herauslesen

Zeichen lassen sich immer wieder neu lesen. Eine Inspiration dafür ist eben Le Guins Tragetaschentheorie: Was, wenn wir mit ihr die Geschichte von Pyramus und Thisbe neu betrachten? Dann ist sie auf den ersten Blick selbstverständlich auch eine Killergeschichte, inklusive einem »langen, harten Ding, mit dem man schlagen, stechen und hauen kann« – beide Liebenden sterben durch die Klinge von Pyramus‘ Schwert.

Doch lesen wir genauer, gibt es da feine Unterschiede: Die Klinge ist nicht scharf und kalt, als Thisbe sich ebenfalls ins Schwert stürzt, sondern noch warm vom Blut des Geliebten; die beiden töten sich nicht kaltblütig, sie sterben füreinander in Liebe; beider Blut tränkt den Maulbeerbaum, nährt ihn quasi. Seitdem, heißt es, habe er auch dunkle Früchte und nicht nur weiße: In den Maulbeerbäumen in aller Welt lebt die Geschichte des Paares bis heute weiter. Und posthum findet die Asche der beiden sich in einer gemeinsamen Urne – wie die Tragetasche: ein Gefäß.

Pyramus und Thisbe kann also selbstverständlich auch als eine Geschichte der Vereinigung gelesen werden, eine Geschichte sich wandelnder Liebe, die über den Tod hinaus weiterwächst – und mit ihrer epochenüberschreitenden Weiterverwandlung in *Romeo und Julia* heute vielleicht überhaupt die berühmteste Liebesgeschichte in der westlichen Welt ist.

In Bezug auf die Killergeschichte als Menschheitserzählung schreibt Le Guin: »Manchmal scheint es, als neige sich diese Geschichte ihrem Ende zu.«[14] Es gehe ihr allerdings nicht darum, den alten Heldenmythos auszumerzen oder aus unseren Erzählpraktiken zu verbannen. Le Guin ist bloß der Ansicht,

> »dass wir schleunigst damit anfangen sollten, eine andere Geschichte zu erzählen, eine, die vielleicht dann weitergesponnen werden kann, wenn die alte endgültig ausgedient hat. Vielleicht. Das Problem ist nur, dass wir alle zugelassen haben, selbst zu einem Teil der Killergeschichte zu werden, so dass deren Ende auch uns den Garaus machen könnte.«[15]

Le Guin, die als Science-Fiction-Autorin literarische Universen erschuf und Utopien erdachte, verweist damit auf die Erzählung unserer Zivilisation, unseres Fortschritts, unseres Wachstums, das uns womöglich zum Verhängnis wird. Sie suche deshalb nach »Lebensgeschichten«[16].

Wie glücklich können wir als Journalist:innen uns also schätzen, haben wir doch täglich die Gelegenheit, Geschichten zu hören und aufzuschreiben, die das Leben erzählt? Was können wir dazu tun, sie verantwortungsbewusster, wahrhaftiger zu erzählen? Meiner Erfahrung nach: erstens ein Erkenntnisinteresse haben und zweitens zuhören. Das heißt: Wir treffen *nicht* bereits mit einer gedanklich schon festgelegten (Konflikt- oder Killer-)Geschichte im Hinterkopf die Informant:in, sondern vielmehr mit einer vorläufigen Arbeitsthese. Auf welche Art und Weise, mit welchen Fragen im Kopf und auf der Zunge, in welchem Sinn eine:r das tun kann, davon wird in den nächsten Kapiteln noch viel die Rede sein. Denn es sind manchmal nicht die großen Probleme oder harten Konflikte, die die Brisanz von Geschichten ausmachen, sondern häufig die unbedeutend scheinenden Aspekte, Kleinigkeiten, die das Potenzial haben, eine:n als Geschichtenerzähler:in selbst wie andere zu faszinieren oder zu interessieren. Und womöglich nebenbei die tatsächlich dahinterliegenden großen Zusammenhänge aufzuspannen.

Jedenfalls muss es ein Faszinosum, ein Phänomen, eine Frage geben, um darüber eine ausführliche Geschichte erzählen zu können. Ein/eine verantwortungsbewusste:r Journalist:in verliert dabei nicht sein/ihr Erkenntnisinteresse aus dem Blick – das ist das, was eine:r wissen will, oder eher: was eine:r im Interesse der Öffentlichkeit *wissen wollen muss*. Da muss irgendwo ein Widerspruch aufgetaucht sein, etwas sich reiben oder spießen, eine Überraschung bergen, Fragen aufwerfen oder untypisch scheinen. Den offenen

Konflikt, das ganz große Problem braucht es für eine gelungene Geschichte oft nicht.

Auch Spannung (von der häufig behauptet wird, dass die Held:innenreise sie hervorrufe) kann nicht nur durch einen Konflikt entstehen, sondern zum Beispiel auch aufgrund der Wissbegier oder Empathie von Autor:innen und Leser:innen. Die im Laufe eines Textes zu verhandelnde oder sogar zu beantwortende Frage muss also nicht immer lauten: »Wer ist stärker?«, »Wer wird gewinnen?« oder »Wer hat recht?«. Sie kann auch heißen: »Wie gehen verschiedene Beteiligte mit einer Situation um?« oder »Wie ist es diesem oder jenem Lebewesen unter bestimmten Umständen ergangen?« oder »Wie ist es zu einem gewissen außergewöhnlichen Phänomen gekommen?« oder, oder, oder. Auch in der Bearbeitung und – gegebenenfalls – Beantwortung dieser und anderer Fragen lässt sich Spannung aufbauen.

Tragetaschen welcher Art?

Wenn das alles an dieser Stelle noch sehr abstrakt wirkt: Auf welche Tragetaschen-Erzählstrukturen können wir uns zum Beispiel berufen? Wie können sie aussehen?

Immer wieder hilfreich, bequem und simpel ist es etwa, sich vorzustellen, Arzt oder Ärztin zu sein: Wie gliedern Ärztinnen oder Ärzte eine Krankengeschichte? Was tun sie angesichts ihrer Patient:innen? Sie fragen (im von uns imaginierten Idealfall) zuerst einmal ausführlich nach, wo der Schuh drückt (Anamnese), stellen dann eine Diagnose und schlagen schließlich eine Therapie vor. Auch als Journalist:innen können wir mit einer Bestandsaufnahme beginnen, danach befragen wir sachverhaltskundige Expert:innen nach deren Diagnosen, konfrontieren damit andere Beteiligte und versuchen uns mit aller Unterstützung (oder auch mit Blick auf ähnliche Problemfälle anderswo) an einem oder mehreren informierten Therapievorschlägen – womöglich schon mit einem Vorgriff aufs Happy End.

Doch dieses Narrativ vermittelt den Eindruck einer »natürlichen« Linearität der Erzählung, den Eindruck, dass die absolute »Lösung« eines »Problems« möglich ist. Ist sie? Aus meiner Sicht wird eine solche Erzählung erst dann interessant, wenn darin etwas Unerwartetes passiert, wenn zum Beispiel dem oder der Erzähler:in im Zuge von Recherche oder

Schreibprozess dämmert, dass »Krankheiten« oder Problemstellungen sowie die Versuche, sie therapieren oder lösen zu wollen, manchmal den Blickwinkel verändern.

Stattdessen lässt sich etwa die Struktur einer fixen Zeitspanne oder eines (hypothetischen) Ereignisses als Geschichtengefäß heranziehen – ein besonderes Beispiel ist ein Text, dessen Arbeitsthese mittlerweile eingetreten ist: Was passiert, wenn die britische Königin Elizabeth II. stirbt? In *The secret plan for the days after the Queen's death*[17] rollt Journalist Sam Knight im britischen *Guardian* in fabelhafter Detaillierung und einem wunderbar trockenen Tonfall das Protokoll auf, das nach dem Tod eines britischen Königs oder einer britischen Königin abgespult wird. Unter anderem sind die Nachrichtenansager:innen dazu aufgerufen, als Zeichen der Trauer schwarz zu tragen. So geschah es dann auch.[18]

Auch Bücher geben Halt beim Erzählen: Der Filmemacher Hakob Melkonyan orientiert sich für seinen berührenden Dokumentarfilm *Großvaters Tagebuch – Alte und neue Kriege* genau daran: am Kriegstagebuch des Großvaters, der im Zweiten Weltkrieg auf der Krim fiel. Melkonyan fährt unter anderem durch das heutige Armenien und Georgien jene Strecke ab, auf der der Großvater an die Front geschickt wurde, spricht mit Zeitzeug:innen, liest Passagen aus dem Tagebuch vor – und knüpft in seiner Erzählung Verbindungen in die Jetztzeit.

Neben zeitlichen Strukturen (zu hören etwa auch in *A Day in the Life* der Beatles) oder vorliegenden Dokumenten können aber auch Organisationsformen in Dörfern, Unternehmen, Gemeinschaften, Familienkonstellationen, Landkarten oder Sprichwörter (»Something old, something new, something borrowed, something blue«) als Tragetaschen, als Ordnungssysteme für Erzählungen herhalten. Wir können auch unsere ganz eigenen Körbe flechten, unsere eigenen Inhaltsverzeichnisse oder Sammlungen anlegen, eine Ordnungsstruktur, die dem zu covernden Thema entspringt, aber sich ihm dabei nicht zu sehr verschreibt.

Dabei können – auch ganz unerwartet – Räume, Öffnungen, Lücken entstehen, in die wir unsere Geschichten hineinzwängen, -füllen oder -legen können. In journalistisch-dokumentarischen Texten ist die neue Ordnung im Idealfall für Leser:innen nachvollziehbar und greift möglichst strukturierend in Aufbau und Inhalt ein, macht den Inhalt leichter fass- und begreifbar, sorgt gerade in komplexen Themen nicht etwa für noch mehr Verwirrung. (In solchen Fällen mag dann tatsächlich auch »Anamnese – Diagnose – Therapie« angebracht sein. Um nicht ins alte Muster mit Happy End zu fallen, lassen sich die daran angeknüpften Erwartungen zum Beispiel durch einen Widerspruch, einen Twist, eine Überraschung am Schluss brechen).

Jedenfalls halte ich es für wichtig, dass wir unsere Erzählstruktur reflektieren – was erzähle ich mit meiner Geschichte eigentlich unterschwellig mit? Reproduziere ich Klischees, die ich eigentlich nicht reproduzieren will? Erzähle ich ein Happy End herbei, das vielleicht völlig außer Reichweite ist? Gewöhnt eine:r sich diese Praxis an, wappnet eine:n das zumindest davor, narrativnaiv zu sein.

Vom Helden zum Sisyphos

Ich ertappe mich selbst immer wieder dabei, dass ich gegen Ende des Schreibens eines redaktionellen Beitrags nach einem positiven Ausgang oder jedenfalls Ausklang Ausschau halte. Auch als (von Publikumsmedien beauftragte) Erzähler:innen haben wir immer wieder die Tendenz zum Versöhnlichen, Hoffnungsgebenden, Ermutigenden. Das soll und muss es auch geben. Aber wir dürfen uns deshalb keinesfalls – mit der Schere im Kopf – die irritierenden, offenen, zwiespältigen, frustrierenden, unklaren, widerspenstigen Enden abschneiden (lassen). Le Guin kommt in ihrem Tragetaschen-Essay zu diesem Befund:

> »Wird das Erzählen hingegen in der Tradition von Tragetasche/Mutterleib/Kiste/Haus/Medizinbündel betrachtet, dann können Konflikt, Wettbewerb, Stress, Ringen etc. als notwendige Elemente eines großen Ganzen betrachtet werden, das sich nicht einfach entweder als Konflikt oder als Harmonie beschreiben lässt, da sein Zweck weder Auflösung noch Stagnation, sondern schlichtweg die Aufrechterhaltung eines Prozesses ist.«[19]

Ist diese »Aufrechterhaltung des Prozesses« nicht schließlich der Kern unserer Existenz als planetarische Gemeinschaft, »des guten Lebens und Sterbens«[20], ein Auf und Ab innerhalb eines – für alle – möglichst lebenswerten Rahmens?

Die Künstlerin und Schriftstellerin Jenny Odell bringt dazu einen neuen Begriff ins Spiel: das »Ziel ohne Telos«[21]. *Telos* ist im Altgriechischen ein langfristiges Ziel. Odell meint mit ihrem Begriff, bezugnehmend auf ein Handeln im ökologischen Sinn, einen »Ausblick in die Zukunft, der nicht auf einen Punkt zuläuft, sondern in einer fortwährenden Neuverhandlung zu sich selbst zurückführt«.[22] Ich sehe darin eine zyklische Bewegung, ein fließendes und stetiges Neuverhandeln und Reflektieren der eigenen Handlungen und der der anderen, die wir in unseren Geschichten dokumentieren, der eigenen Arbeit, des eigenen Erzählens. Wie ein:e vermeintliche:r Held:in, die – vergleichbar mit Mirabel aus *Encanto* – sich selbst in Frage stellt. Der oder die Held:in einer Geschichte könnten wir so vielleicht authentischer als Sisyphos sehen, der nicht verzweifelt – oder immer wieder einmal doch?

Der altgriechische König Sisyphos wird dem Mythos nach für eine Freveltat zu einer unendlichen Strafe verdammt: Immer wieder muss er einen Felsbrocken einen Berg hinaufrollen, der dann aber, kaum oben angekommen, jedes Mal wieder herunterkugelt. Womit Sisyphos von Neuem beginnt und zu keinem Ende kommt. Seine Erlösung bleibt aus.

Die Sache ist, dass auch wir als Autor:innen wie als Leser:innen uns immer wieder von Neuem auf die Suche oder an die Arbeit machen – auch hier wieder: mit offenem Ausgang. Vorhersehbares Storytelling – wie das der Held:innenreise oder dem »Alles wird gut«-Versprechen – gibt uns zwar Sicherheit, hat uns vielleicht aber unserer selbst zu sicher gemacht. Dabei könnten wir uns als Erzähler:innen wie für unsere Protagonist:innen immer wieder einmal mit dem Gedanken anfreunden, zu scheitern. Und unsere Geschichten übrigens auch der *toxic positivity* verweigern, dass nicht aus allem Scheitern wieder etwas gelernt werden muss. Es kann auch einfach so einmal etwas schiefgehen, man verliert etwas, oder: Eine:r muss eine Recherche aufgeben, ohne dass es eine Geschichte dazu gibt (oder die Geschichte wurde sogar geschrieben, aber schaffte es nicht bis zur Veröffentlichung). Oder das Scheitern der Recherche wird selbst zur Geschichte, weil es viel mehr über ein Thema erzählt als jeder Inhalt.

Ohne dem Zwang zum Happy End lässt eine:r auch zu, dass Geschichten sich drehen. Sie entwickelt sich womöglich in der Recherche oder selbst noch im Schreiben in eine ganz unerwartete Richtung. Diese Irritabilität ist das charakteristische Merkmal von allem Lebendigen. Beikommen kann eine:r ihr vielleicht am ehesten durch Improvisation, ohne dabei das Erkenntnisinteresse aus dem Auge zu verlieren – mit dem, was ich ein ökologisches Erzählen nenne.

Die irische Schriftstellerin Claire Keegan erzählt in ihrem Roman *Kleine Dinge wie diese* die Geschichte des Kohlenhändlers Bill Furlong, der bei einer Lieferung ans örtliche Kloster hinter dessen dicke Mauern blickt. Es handelt sich um eine konfessionell geführte »Magdalene Laundry«, ein Arbeitsheim für Frauen und Mädchen, ledige Mütter, Prostituierte, Vergewaltigungsopfer, in denen in Irland bis gegen Ende des 20. Jahrhunderts ungezählte Frauen und Kinder ums Leben kamen. Keegan lässt die Geschichte genau in unserem Sinn fulminant und feinsinnig zugleich enden, als Furlong eines der Mädchen aus dem Kloster rettet. Der letzte Absatz der Geschichte lautet, vorsichtig optimistisch, den Zwiespalt dennoch transportierend:

> »Das Schlimmste stand noch bevor, das wusste er. Er spürte bereits, dass hinter der nächsten Tür eine Welt des Ärgers auf ihn wartete, doch eigentlich lag das Schlimmste, was hätte passieren können, schon hinter ihm: das, was nicht getan worden war, aber hätte getan werden können – und damit hätte er bis ans Ende seiner Tage leben müssen. Welches Ungemach auch immer auf ihn zukam, ließ sich mit dem, was das Mädchen an seiner Seite bereits erlitten hatte und was ihr noch bevorstehen mochte, nicht vergleichen. Als er mit dem barfüßigen Mädchen und dem Schuhkarton die Straße zu seiner Haustür hinaufstieg, war seine Angst weit größer als jedes andere Gefühl, doch in seinem närrischen Herzen hatte er nicht nur die Hoffnung, nein, den berechtigten Glauben, dass sie es schaffen würden.«[23]

Ein typischer Held am Ende seiner Reise klingt anders. Kein Wunder: Es ist eine instabile Welt, in der Autor:innen, Protagonist:innen und Leser:innen ihre Existenz aufrechterhalten, in der sie sich zurechtfinden, in der sie weiterleben müssen.

Kapitel 5

Geschichten und Begriffe im Fluss

Alles lebt in seinem Kontext

»Me contradigo, yo me transformo.«[1]

Rosalía, Saoko

»Ich habe gelernt«, schreibt mir Daniela Prugger aus Kyjiw, »dass man in einem Krisengebiet immer einen Plan machen, aber darauf eingestellt sein muss, dass am Ende nichts davon klappt. Weil vor Ort alles anders sein kann.« Alles fließt, im Krieg noch unberechenbarer und schneller. Prugger ist eine ehemalige Redaktionskollegin von mir. Die Südtirolerin, die in Wien und Reutlingen studierte, lebt seit 2019 in der ukrainischen Hauptstadt. Sie ist auch nach Ausbruch des russischen Angriffskrieges im Februar 2022 dortgeblieben und seitdem: Kriegsreporterin.

> »Improvisieren und Flexibilität bei der Recherche ist alles. [...] Die Ukraine ist als Land so groß, und die Fahrten sind so weit, dass man oft einfach erst vor Ort Leute trifft, sich Interviews ergeben, wie die Stimmung ist erfährt man sowieso erst, wenn man dort ist, und dann kann es auch noch sein, dass es einen Angriff gibt. Mehrere Hotels im Donbas, in denen ich in den vergangenen Monaten geschlafen habe, stehen heute nicht mehr. Die Situation vor Ort unterscheidet sich nicht nur von Woche zu Woche, oft von Tag zu Tag.«[2]

Pruggers Situation ist nicht nur aufgrund des Krieges prekär: Sie arbeitet als »freie« Journalistin, das bedeutet, sie ist in keinem fixen Angestelltenverhältnis mit einem deutschsprachigen Medium, sondern bietet verschiedenen Redaktionen Geschichten an. Selbst große Medien leisten sich immer weniger ständige Korrespondent:innen an einem bestimmten Ort, denn damit sind oft auch teure Versicherungen und andere Nebenkosten verbunden. Prugger etwa benötigte Helm und Schutzausrüstung für den Einsatz in umkämpften Gebieten, zu denen ja auch Kyjiw schon gehörte. Immer wieder habe sie ans Abbrechen ihres Einsatzes gedacht, »nicht nur aufgrund der Arbeit an sich, sondern aufgrund der Arbeitsbedingungen – wenn man zum Beispiel im Luftschutzkeller Honorare verhandeln muss«.

Wir alle leben in einer beschädigten Welt. Doch ist es noch einmal ein völlig anderer Grad der Beschädigung, des Sterbens, eine völlig andere Dimension der Zerbrechlichkeit und des Leides an Orten, an denen Krieg herrscht. Es erfordert besonderen Mut, an derart beschädigten Orten zu bleiben, an ihnen weiterzuleben und zu arbeiten, diese Orte weiter zu beleben, das Lebendigsein dort zu praktizieren, im Widerstand gegen mörderischen Krieg.

»Wir alle auf Terra leben in unruhigen Zeiten, in aufgewirbelten Zeiten, in trüben und verstörenden Zeiten«, schreibt die Wissenschaftstheoretikerin, Biologin und Philosophin Donna Haraway in ihrem Buch *Staying with the Trouble* (im Original erschienen 2016) und kaum jemand wird ihr 2024 widersprechen. Im deutschen, beinahe verspielt klingenden Titel *Unruhig bleiben* (2019) kommt dabei die Gravität, das Gewicht dessen, was Haraway zum Ausdruck bringt, nicht ganz heraus. Lassen wir Haraway, beruhigend und beunruhigend zugleich, noch einmal deutlich machen, was sie meint:

> »Die Aufgabe besteht darin, sich entlang erfinderischer Verbindungslinien verwandt zu machen und eine Praxis des Lernens zu entwickeln, die es uns ermöglicht, in einer dichten Gegenwart und miteinander gut zu leben und zu sterben. Es ist unsere Aufgabe, Unruhe zu stiften, zu wirkungsvollen Reaktionen auf zerstörerische Ereignisse aufzurütteln, aber auch die aufgewühlten Gewässer zu beruhigen, ruhige Orte wieder aufzubauen. In dringlichen Zeiten ist es für viele verlockend der Unruhe zu begegnen, indem sie eine imaginierte Zukunft in Sicherheit bringen.«[3]

Genau das ist es, was Prugger in ihrer Arbeit tut, *she stays with the trouble,* und was uns Geschichtenerzähler:innen unter viel gemäßigteren Bedingungen auch zu tun bliebe.

Dass alles fließt, wussten schon die alten Griechen, konkret Heraklit, und die Formel taucht auch in Ovids *Metamorphosen* auf: »Keines verbleibt in derselben Gestalt, und Veränderung liebend schafft die Natur stets neu aus anderen andere Formen, und in der Weite der Welt geht nichts – das glaubt mir – verloren.«[4] Dieses Prinzip des »Alles fließt«, »Alles wandelt sich« kann ganz im ökologischen Sinn also auch gelesen werden als ein »Alles lebt«. Und obwohl diese Gewissheit so alt ist – zweieinhalbtausend Jahre – fällt es uns dennoch schwer, sie uns zu vergegenwärtigen. Ständig versuchen wir allerhand in Sicherheit zu bringen: Wir schaffen Gebäude aus Stahlbeton, asphaltieren Straßen, kaufen Versicherungen, schließen Bünde fürs Leben. Um uns selbst Sicherheit zu suggerieren.

Das ist berechtigt, schließlich müssen wir handlungsfähig bleiben. Und das klappt nicht, wenn wir kopflos jeden Tag das Rad aufs Neue erfinden müssten. Doch haben wir es uns in der westlichen Welt mittlerweile so bequem und behaglich eingerichtet, dass wir Außertourliches oft inakzeptabel finden. Oder es verleugnen. Haraway nun ruft uns dazu auf, in Bewegung, in Unruhe zu bleiben (ohne dabei zu vergessen, dass es zwischendurch Ruhe braucht, um, eben, handlungsfähig zu bleiben). Weniger auf ein Ergebnis hinzufürchten oder -hoffen, sondern stattdessen vieles als Prozess zu begreifen, dem wir nicht hilflos ausgeliefert sind, sondern den wir auch gestalten können. Ein solches Unruhigbleiben lässt sich wunderbar auf die Art und Weise übertragen, wie wir Geschichten ökologisch erzählen (wollen).

Denken wir noch einmal an den Held:innenmythos: Spätestens mit dem triumphalen Abschluss einer Erzählung wird diese zu einer festen, verfügbaren Entität, die den Eindruck erweckt: Wir haben es hier mit einem fertigen Abschnitt exemplarischen Lebens zu tun, das sich dokumentieren und von anderen konsumieren lässt. Fließen tut da nichts mehr. Dabei fragen wir uns als Journalist:innen, Lehrer:innen, Kommunikator:innen noch zu selten: Wie lösen wir unsere Geschichten behutsam aus diesem oder jenem Kontext heraus? Abhängig zum Beispiel auch vom Fokus, den wir oder unsere Redaktionen setzen, oder auch von bewussten oder unbewussten »Scheren im Kopf«. Welche Flüsse unterbrechen wir, wenn wir das tun, und welche beeinflussen wir mit unserem Eingriff vielleicht? Ist es wichtig, dass die Leser:innen davon erfahren? Tropfen solche Geschichten, ja, rinnen sie sogar aus? Kommen »Opfer« und »Täter:innen« in ihnen vor (und bestätigen wir damit Klischees oder Vorurteile?) oder sind nicht auch sie Figuren *im Fluss*, die sich aufgrund ihres Sagens und Tuns wandeln können?

Übersetzungsarbeit zwischen Lebensrealitäten

Arthur Schnitzler (1862–1931) war bedeutender Schriftsteller und Arzt im Wien um 1900. In seiner *Friedensschrift* von 1915, die nur handschriftlich bzw. online vorliegt und sich auf die Grausamkeiten des Ersten Weltkriegs bezieht, heißt es:

> »Das Wörterbuch des Krieges ist von den Diplomaten, den Militärs und den Machthabern gemacht. Es sollte von denen richtiggestellt werden, die aus dem Krieg heimgekehrt sind, von den Witwen, den Waisen, den Ärzten und den Dichtern.«[5]

Den Krieg nicht als eine Geschichte der Helden schreiben, sondern als eine Geschichte der Opfer, der Zivilist:innen, jener Menschen, die ihn täglich erleben: Das tut auch Prugger, die für ihre Berichterstattung viel innerhalb der Ukraine unterwegs ist, in Charkiw, im Donbas, Dnipro, Odessa, Mykolajiw. Sie spricht dort zuerst einmal mit jenen Menschen, die direkt betroffen bzw. Augenzeug:innen sind, und – für die journalistische als evidenzbasierter Arbeit ungemein wichtig – »die das, was sie sagen, auch mit Bildern, Text- oder Sprachnachrichten belegen können«. Es sind Geschichten, die sie aus erster Hand erzählt bekommt oder die sie auch selbst miterlebt. »Stichwort Raketenangriff«, fügt sie hinzu. Die kommen auch in Kyjiw, auch in ihrer Nähe immer wieder vor.

Es sind Geschichten zum Beispiel von jungen Männern, die an der Uni inskribieren, damit sie nicht eingezogen werden – oder die schon vor dem Krieg studierten und jetzt heilfroh darüber sind, wie der 23-jährige Andrej Mitroschin. »Ich kann das nicht, jemanden töten«, sagt er in einer von Pruggers Geschichten.[6] Sie erzählt vom Leben in der schwer getroffenen Stadt Charkiw, wo ein Bewohner des Stadtteils Saltiwka Prugger sagt: »Wenn der Luftalarm losgeht, versuchen wir in Deckung zu gehen, denn man weiß nie, wo die Raketen einschlagen werden. Wir nennen es russisches Roulette.«[7] Das Schreckliche verbirgt sich im Lächerlichen, im Alltäglichen, in vermeintlichen Kleinigkeiten, nicht in den großen Sprüchen, Ansagen, Parolen.

Bei Informationen, die von offiziellen Stellen kommen, gilt es skeptisch zu bleiben: Prugger macht das transparent oder sagt gegebenenfalls auch dazu, dass sie zu gewissen Informationen keinen Zugang hat (etwa, wie viele Gefallene es gibt) und manche Dinge nicht verifizieren kann – anders etwa als die mehrköpfigen Teams großer internationaler Medien, die sich Organisation, Reporting, Faktencheck aufteilen können.

Ihre Basis hat Prugger in Kyjiw, wo es im Moment wieder ruhiger sei, erzählt sie. Im Vergleich etwa zum Frühling 2023, als die Menschen dort beinahe jede Nacht aufgrund von Explosionen geweckt wurden oder im Gang oder im Badezimmer schlafen mussten. Allen merkte eine:r den permanenten Schlafentzug an, schreibt Prugger, »von den Angestellten im Kaffeehaus bis zum Friseur, den Passanten auf der Straße usw. Das war auch eine Zeit, in der sich viele mit Memes und Stand-Up-Comedy-Clips bei Laune hielten.« Denn: »Da setzten viele noch Hoffnungen in die Frühjahrsoffensive; die Befreiung von Cherson war frisch und der Glaube daran, dass die Kämpfe bald aufhören, die F16 kommen, groß.« Diese Hoffnung sei »einer gewissen Abstumpfung, Verrohung« gewichen. »Und die Bewusstheit darüber, dass der Krieg noch sehr lange dauert und das Leben hier noch auf lange so aussehen wird wie jetzt.«

Abstand zu gewinnen sei schwierig. »Ich habe immer erst dann Zeit, über die Ereignisse zu reflektieren, wenn ich im Ausland bin.« Gleichzeitig fühle sie sich auf Besuch in Wien oder Südtirol fremd:

> »Es ist ein krasser Unterschied für mich, wenn ich merke, dass meine Freunde und Kollegen im Ausland die notwendige Zeit haben, um über den Krieg und die Rolle Europas zu philosophieren und stundenlang zu diskutieren und dann zum nächsten Thema übergehen. Wenn man hier in der Ukraine ist, gibt es nur ein Thema, und das ist der Krieg. Und die Zeit und die Energie für theoretische Abhandlungen hat man hier nicht, weil es noch immer täglich zu Angriffen kommt. [...] Ich glaube, dass ich hier viel gelernt habe, darunter, wieviel Menschen aushalten können. Wie anpassungsfähig wir sind. [...] Ich konnte mir den Krieg nicht vorstellen, bis ich ihn selbst erlebt und gesehen habe.«[8]

Was sich für sie am stärksten verändert habe, ist das Gefühl für Zeit. Es gebe Tage, an denen sich die Ereignisse überschlagen, und dann wieder lange Strecken des Wartens und Aushaltens.

Aus dem und im Krieg zu erzählen ist freilich etwas völlig anderes als im Frieden. Dennoch müssen wir mit denselben sprachlichen Mitteln, mit denselben Worten operieren. Sie sind, was wir zur Verfügung haben, um Monstrositäten zu erfassen und zu vermitteln. Kriegsreporter:innen stehen noch vor der zusätzlichen Herausforderung, sowohl den Inhalt als auch den (historischen) Kontext und die Lebensrealität vor Ort angemessen zu transportieren, zu übersetzen, quasi zweisprachig zu berichten: verantwortungsbewusst jenen gegenüber, denen sie in der Ukraine in die Augen schauen, und jenen, die in Österreich, Deutschland oder anderswo ihre Texte lesen oder Beiträge sehen.

Aber auch beim Geschichtenerzählen im Frieden könnten wir versuchen, diesem Anspruch gerecht zu werden. Und zwar im Sinne jenes geflügelten Wortes, das in der englischsprachigen Journalismustradition den Sinn des eigenen Tuns erfasst: »Holding the powerful accountable«[9]. Erinnern wir die Mächtigen immer wieder an ihre Verantwortung, ziehen wir sie immer wieder zur Rechenschaft. So haben Journalist:innen ständig Antworten von »den Mächtigen« einzufordern, gleichzeitig aber auch die Pflicht, selbst Verantwortung zu übernehmen, indem sie anderen Rede und Antwort stehen.

Sprache im Fluss

Daniela Pruggers Eintrag für ein Schnitzler'sches Wörterbuch des Krieges lautet »Tourniquet«, das sie in Wien schon öfter – und auch mir – erklären musste: Es handelt sich dabei um einen Druckverband zum Abbinden stark blutender Wunden an den Gliedmaßen. »Zum Glück musste ich es noch nie verwenden«, sagt die Journalistin, aber eine:r müsse in der Nähe der Front immer ein eigenes *first aid kit* dabeihaben – »und da gehört natürlich ein Tourniquet hinein.«

Dieses Wort verändert also nicht seine Bedeutung oder erhält eine ganz neue; es wird überhaupt erst aus einer Fachsprache heraus in den allgemeinen Sprachgebrauch übernommen. Ähnlich verhielt es sich mit dem Begriff »Triage«, ebenfalls Kriegsvokabular, während der Covid-19-Pandemie: Mit dieser Praxis werden, wie heute auch viele Nicht-Mediziner:innen wissen, Patient:innen anhand des Schweregrads ihrer Verletzungen oder Erkrankungen kategorisiert und in entsprechender Reihenfolge behandelt.

Es lohnt sich im Sinne eines ökologischen Erzählens, auch der Sprache gegenüber skeptisch zu bleiben – oder vielmehr: unserer Praxis gegenüber, wie wir Sprache *gebrauchen.* »Die Bedeutung eines Wortes ist sein Gebrauch in der Sprache«[10], schrieb der Sprachtheoretiker Ludwig Wittgenstein (1889–1951) in seinen *Philosophischen Untersuchungen.* Er argumentierte, dass wir von Kindheit an in »Sprachspielen« lernen, Dinge zu benennen und ihre Bedeutung zu begreifen. Wittgenstein schreibt:

> »Führe dir die Mannigfaltigkeit der Sprachspiele an diesen Beispielen, und andern, vor Augen:
> Befehlen, und nach Befehlen handeln – [...]
> Eine Geschichte erfinden; und lesen –
> Theater spielen –
> Reigen singen –
> Rätsel raten –
> Einen Witz machen; erzählen –
> Ein angewandtes Rechenexempel lösen –
> Aus einer Sprache in die andere übersetzen –
> Bitten, Danken, Fluchen, Grüßen, Beten.«[11]

Diese Sprachspiele verändern sich, seit Wittgensteins Zeit neu hinzugekommene Sprachspiel könnten etwa sein »Eine Suchanfrage für eine Online-Suchmaschine formulieren« oder »Nachrichtenmeldungen im Fernsehen oder Radio vorlesen« etc. So verändert sich der Sprachgebrauch, so verändern sich die Bedeutungen der Wörter. »Eine Sprache vorstellen heißt, sich eine Lebensform vorstellen.«[12] Sprache ist ständig im Fluss. Schriftsteller:in Kim de l'Horizon lässt Sprache in *Blutbuch* (2022) lebendig werden. *Écriture fluide*[13], ein flüssiges, ein fließendes Schreiben nennt de l'Horizon selbst diese Praxis. Das liest sich beispielsweise so, wenn es um die Großmutter (»Grossmeer«) geht:

»Gebannt hat mich dein Stricken. [...] Deshalb hast du, Grossmeer, mir das Stricken beigebracht. Ich sitze auf deinem Schoss, deine Arme halten mich, deine Hände umschliessen meine Händchen, deine Finger ziehen, stülpen, knüpfen den Faden, er kommt von links und geht nach rechts, ich spüre den Faden unter meinen Fingerkuppen durchfahren, und wie ich dir das schreibe, auf dem Computer schreibe, spüren meine Finger das Stricken, sind sie ganz umgeben von deinen rohen, groben, harten Fingern, Spinnenbeinen, deinem Maulwerkzeug, deinen Hinter-, Vorder-, deinen Teilen, ich bin Teil von dir; im Stricken, im Schreiben – ohne Unterschied – bin ich mit dir verbunden.«[14]

Gleichzeitig mit der Skepsis, mit dem Hinterfragen unseres Sprachgebrauchs vermittelt de l'Horizon auch den Respekt vor und die Liebe zur Sprache, die uns nicht abhandenkommen darf, im Sinne eines angemessenen, korrekten und doch flüssig-lebendigen Gebrauchs.

Vom Kadaver zum Kontext: Wie Erzählungen ins Fließen kommen

Lenken wir unseren Blick von der sprachlichen wieder auf die journalistisch-handwerkliche Ebene: Um eine längere journalistische oder dokumentarische Geschichte dort *fließen* zu lassen oder *im Fluss* zu halten, wenden ihre Autor:innen häufig einen Kniff an: Sie erzählen Geschichten auf zwei (oder mehreren) Ebenen. Einerseits ist da die Sachebene, auf der Informationen zum zentralen Thema transportiert werden – üblicherweise eine trockenere Angelegenheit. Andererseits gibt es eine lebendige, emotionale Ebene, auf der die Leser:innen erst mit einer einzelnen Figur vertraut gemacht und im Verlauf der Geschichte in ihr Schicksal verwickelt werden, sich vielleicht sogar mit ihr identifizieren, sich mit ihr mitfreuen oder mitleiden. Diese Figur kann als Protagonist:in ein Mensch sein, aber auch ein Zusammenschluss von Menschen (Unternehmen, Partei, Initiative etc.), ein Tier, eine Pflanze, aber etwa auch ein Traditionsbetrieb oder eine Innovation, ein Erbstück oder ein Ding vom Fließband. Wichtig ist: Diese:r Protagonist:in muss konkret sein und wird sich im Lauf der Geschichte wandeln. Metamorphose eben.

In einem »szenischen Einstieg« zu Beginn findet die Geschichte ihren Auftakt: In einer konkreten Szene werden die Leser:innen ganz nah an den Protagonisten oder die Protagonistin herangeführt, in der diese:r im Idealfall etwas durchmacht, das die Leser:innen mitleben lässt – und das schon einen Ausblick darauf gibt, was von dieser Geschichte zu erwarten ist, noch etwas undurchsichtig und fragmentarisch, im Kern aber schon die Frage aufwirft, die dann im Verlauf der Geschichte relevant sein wird. Als Pars pro Toto umreißt diese kleine Einstiegsgeschichte *in a nutshell* schon den großen Topos der gesamten Erzählung, wie ich es auch mithilfe des szenischen Einstiegs in dieses Buch versucht habe.

Danach wechseln sich – manchmal recht subtil, manchmal recht offensichtlich – in der (Magazin-)Geschichte die Passagen ab: Auf die konkrete Geschichte der fokussierten Person, die die Leser:innen emotional involvieren soll, folgt wieder ein Abschnitt, der dieses exemplarische Schicksal mit einer größeren oder weitreichenderen gesellschaftlichen Entwicklung verknüpft und Zahlen und Fakten dazu vermittelt. So lässt sich der Einzelfall in einen größeren Kontext einordnen, um die Sachebene »mitzuerzählen«, die auf eine Allgemeingültigkeit verweist und sie gleichzeitig herstellen will. Vereinfacht gesagt: Auf jeden informativen Absatz folgt, als sprichwörtliche Karotte vor der Nase der Leser:innen, etwas Interessantes aus dem Leben der Protagonist:in. Die Leser:innen bleiben dran, weil sie wissen wollen, wie die Geschichte dieser Person weitergeht – und bekommen dabei einiges Wissenswertes über Entstehung, Vor- und Nachteile, gesellschaftliche Verbreitung eines bestimmten Phänomens mitserviert.[15] (In der Held:innengeschichte kommt dann noch ein Happy End zum Abschluss der Geschichte dazu. In authentischeren Narrativen bleibt das Ende hingegen meistens offen.)

Großartig führt das Verweben der beiden Ebenen – Sachebene und Geschichte von Protagonist:innen – etwa die Umwelthistorikerin, Hundeschlittenführerin und fantastische Erzählerin Bathsheba Demuth vor. Im folgenden Beispiel etwa schildert sie, wie sie gemeinsam mit Stanley, ihrem Ex-Chef mit Gwitchin-Vorfahren, auf einem Fluss am nördlichen Polarkreis unterwegs ist, kurz bevor dieser ein Gewehr anlegt, um vom Boot aus ein Elchweibchen zu schießen:

»Kurz bevor ich in die Arktis kam, las ich, dass sich die Luft über Nordkanada in den Jahren seit Stanleys Geburt um 2,3 Grad Celsius erwärmt hatte. Die gleiche atmosphärische Wärme, die das charismatische Abschmelzen der grönländischen oder antarktischen Gletscher provoziert, ist auch in den Ebenen von Ch'izhìn Njik am Werk. Der Permafrost [...] verflüssigt sich. Aber das Wissen um die Ursachen ist nicht gleichbedeutend mit dem Verstehen. Die Erde hört auf, zusammenzuhalten: Wie lässt sich das kohärent machen? Eine Möglichkeit, die mir dafür einfällt, ist die, eine Geschichte zu erzählen. Allerdings: Was wir auf dem Fluss sehen, hat kein Ende. Wir erzählen von einer Mitte oder einem Anfang, ohne eine Vorstellung davon zu haben, wie es weitergehen wird.

Es ist einfacher, das Ende des Elchs zu erzählen, denn es ist klar, warum sie stirbt. Ihr Körper wird uns und andere in der Stadt satt machen. Stanley verlangsamt das Boot und holt sein Gewehr heraus. Ich übernehme das Steuer. Er visiert sie auf fünfzig Meter im Zielfernrohr an. Sie spitzt alarmiert die Ohren.«[16]

Nach dem Schuss erzählt Demuth davon, wie anstrengend es ist, wie geübt eine:r sein muss – so geübt wie Stanley –, das riesige Tier, den Kadaver auszuweiden und zu zerteilen. Und dass das Stunden dauert. Dieser szenischen Ebene und der faktischen, hier dargestellt durch Daten und Fakten zum Klimawandel in der Arktis, fügt sie eine komplexe ethische hinzu: »So wie keinerlei Leichtigkeit im Töten liegt, steckt viel Mühe in der Dankbarkeit und ein durchdringendes Bewusstsein dafür, dass wir von diesem Tier abhängig sind.«[17]

Das heißt: Eine Geschichte braucht definitiv auch stabile Faktoren, um sie erzählbar zu machen. Etwa eine:n Ich-Erzähler:in oder Protagonist:in, mit der eine:r mitreist. Die mit ihrer Erzählstimme die verschiedenen Ebenen oder Stränge verbindet, ineinander verwebt. Relevant ist dabei unbedingt eine Tendenz zum »So wenig wie möglich, so viel wie nötig«, um Geschichten nicht zu überfrachten. Alles, was in einer Geschichte vorkommt, tut dies im Dienste der Geschichte, um dazu beizutragen, das Erkenntnisinteresse zu ermitteln oder es besser vermittelbar zu machen. Aus Eitelkeit, Trotz oder Geschwätzigkeit zu erzählen, zeugt von wenig Respekt dem Inhalt, den Gesprächspartner:innen wie den Leser:innen gegenüber.

Dieses »So wenig wie möglich, so viel wie nötig« gilt auch für den Kontext einer Geschichte: Was muss miterzählt werden, was ist zum Verständnis unbedingt nötig und was lässt sich aussparen? Wie viel dieses lebendigen, sich ständig verändernden Geflechts muss dranbleiben an der Momentaufnahme jener Geschichte, die ich aus diesem Geflecht heraustrenne, damit sie Sinn ergibt und Zusammenhänge erkennbar bleiben?

Die Antwort auf diese Frage hängt natürlich stark davon ab, in welchem Medienkanal die Geschichte ausgespielt wird: Die Meldungen der Kurznachrichten müssen mehr Vorwissen voraussetzen als eine lange Magazingeschichte oder ein Dokumentarfilm. Was unsere Leistung als Erzähler:innen dabei ist, macht die US-amerikanische Künstlerin und Schriftstellerin Jenny Odell anhand einer Anekdote in ihrem Buch *Nichts tun* deutlich:

> »Als bildende Künstlerin wertschätze ich das Nichtstun – oder passender, das Nichts-Schaffen – natürlich schon lange. […] Für ›Das Büro der ausgesetzten Dinge‹, ein Projekt, an dem ich arbeitete, als ich *Artist in Residence* bei Recology San Francisco war, verbrachte ich drei Monate mit Fotografieren, Katalogisieren und Recherchieren über die Herkunft von 200 ausrangierten Objekten. Ich präsentierte sie als durchsuchbares Archiv, in dem die Leute ein von Hand gestaltetes Schild neben jedem Objekt scannen konnten, um etwas über dessen Herstellung, Material und Entstehungsgeschichte zu erfahren. Bei der Eröffnung wandte sich eine irritierte und irgendwie aufgebrachte Frau an mich und sagte: ›Warten Sie mal … haben Sie eigentlich irgendwas geschaffen? Oder haben Sie nur Dinge auf Regale gestellt?‹ Ich sage oft, dass mein Medium Kontext ist, also lautete die Antwort auf beide Fragen ja.«[18]

Auch Kurator:innen und Geschichtenerzähler:innen sind in dieser Hinsicht Künstler:innen, deren Medium Kontext ist. Dabei gilt auch für sie, nicht nur für die Urheber:innen, auf deren Werke sie referenzieren: Alle, die Kontexte herstellen, tragen dafür auch Verantwortung. Wir müssen deshalb aufmerksam sein, welche Assoziationen oder Verbindungen eine:r mit welchem Zitat oder Objekt herstellt, und müssen beim Herauslösen unserer Gegenstände aus ihren ursprünglichen Kontexten rücksichtsvoll und behutsam vorgehen.

Zugang wie ein:e Wissenschaftler:in – Kritik macht glaubwürdig und Ungewissheit gehört dazu

Allerdings, allen Fluss in Ehren: Unabdingbar für ein Geschichtenerzählen ist das wahrhaftige Erkenntnisinteresse von Autor oder Autorin sowie die Fundierung in Fakten bzw. die Kombination aus beidem. Zentral ist dabei einer der höchsten Journalist:innengrundsätze, die aus der Rechtssprache entlehnte Frage *Cui bono?*, also: Wer könnte einen Nutzen daraus ziehen, dass ich diese Information erhalte? Wer unter meinen Gesprächspartner:innen in der Recherche verfolgt welches Interesse bei deren Informationsweitergabe an mich als Journalist:in?

Das bedeutet in der Praxis: Wenn sich bei mir als Journalistin jemand über Lohndumping beschwert, etwa eine Bezahlung unter Kollektivvertrag, muss ich den entsprechenden Lohnzettel sehen, muss ich mich vergewissern, ob eine Schilderung stimmt. Schließlich könnten einzelne Informant:innen auch nur Stimmung gegen seine:n oder ihre:n Arbeitgeber:in machen wollen. Ich muss mich als jene, die die Geschichten anderer aufnimmt und potenziell verstärkt, überzeugen, dass meine Informant:innen wahrhaftig sprechen. Ich traue dabei niemandem, der oder die sich nicht selbst hinterfragt.

Eine solche Fundierung von Fakten wird durch der Belegbarkeit von Erkenntnissen geschaffen, ganz so wie sie in der Wirtschaft und in den Wissenschaften üblich ist (»Evidenzbasierung«). Im Wissenschaftsbetrieb hat sich ein ausgeklügeltes System entwickelt, um Gültigkeit und Verlässlichkeit von Beobachtungen und Daten zu erheben, um den anekdotischen Einzelfall von strukturellen Gegebenheiten unterscheiden zu können: Quellen und Vorgehensweise müssen transparent gemacht werden, Versuche müssen wiederholbar, Ergebnisse überprüfbar sein, es braucht logisch nachvollziehbare Argumentationen. Allerdings ist zu bedenken, dass das System der Wissenschaften auch deshalb so glaubwürdig ist, weil seine Erkenntnisse stets nur so lange gelten, bis sie wiederum – wissenschaftlich fundiert – widerlegt werden.

Eine solche Herangehensweise ist auch im Journalismus hilfreich, gerade in Erfüllung seiner demokratiepolitischen Funktion: Jeder Lösungsversuch eines Problems (auch ein eigener!) sollte mit bewusst kritischer Einstellung hinterfragt werden. Hält die Lösung nicht stand, muss sie verworfen werden, und die Arbeit beginnt von Neuem. Auch solche Prozesse, die sich *behind the scenes* abspielen, können in Erzählungen einfließen (solange sie, wie erwähnt, etwas zur Ergründung des Erkenntnisinteresses beitragen). Wissenschaftsforscherin Helga Nowotny fordert dies sogar:

> »In der Wissenschaftskommunikation haben wir bisher vor allem die Tagesseite vermittelt, die wunderbaren Ergebnisse, die die Wissenschaft hervorbringt: Es gibt ein neues Medikament gegen eine Krankheit, die bisher nicht heilbar war; es gibt Durchbrüche jeder Art. All das ist bewundernswert. Aber vergessen wird die Nachtseite. Und die heißt: Wie komme ich zu diesen Ergebnissen? Grundlagenforschung ist inhärent ungewiss – man weiß nicht, was dabei herauskommt. Das ist faszinierend, weil man ja Neues finden will, heißt aber auch, dass es frustrierend sein kann, weil man nichts gefunden hat, weil Ergebnisse zum Wegwerfen sind, man einen neuen Weg finden muss. All das gehört zur Nachtseite. Und in der Wissenschaftskommunikation müsste beides vermittelt werden.«[19]

Um glaubwürdig zu bleiben, kann sich der Journalismus an den Wissenschaften orientieren, indem er – auch wenn das oft anstrengend ist oder Umwege bedeutet – alle Indizien und Narrative systematisch der Kritik unterzieht. Auch die eigenen.

Wenn ohnehin alles zerrinnt, wohin schreiben wir dann eigentlich?

Diese Ungewissheit im Arbeitsprozess, von der Nowotny spricht, hat das wissenschaftliche Arbeiten mit dem schreiberischen gemein. Und mit dem künstlerischen. Der Herausgeber und bildende Künstler Oscar Bronner spricht mit Martin Kotynek, Chefredakteur der österreichischen Tageszeitung *Der Standard,* über Gemeinsamkeiten der Schaffensprozesse:

> **Bronner:** »Das fasziniert mich so an einem kreativen Prozess: Während man sich vortastet, weiß man selber gar nicht so genau, wo das hinführt. Wenn ich diesen Prozess genau durchschauen würde, wäre es für mich weniger reizvoll. Was natürlich auch manchmal dazu führt, dass man sich eine

Zeitlang in eine Richtung bewegt, etwas ausprobiert und dann draufkommt: Eigentlich ist das Ergebnis uninteressant – und vieles wegwirft.«

Kotynek: »Das erinnert mich an eine investigative Recherche im Journalismus, bei der man auch nie weiß, ob am Ende etwas Relevantes herauskommt.«[20]

Ob etwas Relevantes herauskommt, das ergibt sich in der Recherche, manchmal aber auch erst im Schreibprozess, innerhalb dessen alle eingeholten Informationen noch einmal in eine Ordnung gebracht werden. Und aus meiner eigenen Erfahrung wie der Erfahrung beim Begleiten anderer Schreiber:innen kann ich sagen: So oft es zum Beginn des Aufschreibens einer Geschichte ein Konzept gab, so oft wurde es im weiteren Verlauf verändert. Wege entstehen im Gehen, Denkpfade im Schreiben. »Es macht mir Freude, wie meine Arbeiten mich immer wieder überraschen«, sagt etwa die ebenfalls bildende Künstlerin Belinda Kazeem-Kamiński.[21]

Daran kann ich anknüpfen: Wie oft bin ich im Zuge des Recherche- oder Schreibprozesses zu einer ganz anderen oder viel klareren Erkenntnis gekommen, als ich ursprünglich erwartet hätte. Und selbst nach getaner Schreibarbeit gilt der Grundsatz aus dem englischsprachigen Raum: *Writing is re-writing.* Auch bereits geschriebene Texte werden noch einmal lebendig und möchten, so Zeit dafür ist, überarbeitet, editiert werden. In der österreichischen Tageszeitung *Die Presse,* in der ich beruflich sozialisiert wurde, sprach eine Kollegin gern vom »Ablaichen« von Texten, und so fühlt es sich tatsächlich an. Der Kraftakt ist das Niederschreiben, dabei im Fluss zu bleiben, in einen Schreibfluss zu kommen – aber gerade danach lebt ein Text noch weiter.

In meiner Ausbildung zur Schreibtrainerin am Wiener Writers' Studio lernte ich in diesem Zusammenhang die Methodes des *Freewritings* kennen, die unter anderem die Schriftstellerinnen Anne Lamott[22] und Julia Cameron[23] praktizieren. Sie ist bemerkenswert simpel und unaufgeregt, beruht sie doch darauf, mit dem Schreiben einfach einmal zu beginnen, für eine bestimmte Zeit, anfangs vielleicht fünf Minuten lang, einfach alles »herauszuschreiben«, was einem:r zu einem bestimmten Thema in den Sinn kommt, ohne dabei den Stift vom Papier oder die Finger von der Tastatur abzusetzen, ohne mit dem Blick eine Zeile zurückzuschweifen und zu lesen, was eine:r da gerade niedergeschrieben hat, und ohne Fehler auszubessern. Um einfach einmal in einen Schreibfluss zu kommen.

Lamott etwa empfiehlt jedem:r Schreibenden, erst einmal *shitty first drafts* zu Papier zu bringen. »Alle guten Autoren schreiben sie. So entstehen gute zweite Entwürfe und großartige dritte Entwürfe.«[24] Einfach drauflos zuschreiben, was einem oder einer grade in den Sinn kommt, hilft übrigens auch bei »Schreibblockaden«, weil wir damit die eigenen Erwartungen herunterschrauben. Zum Beispiel, darüber, was eine:n womöglich blockiert, oder auch ein Recherche- oder Schreibtagebuch zu führen. An solchen Dokumenten lässt sich später vielleicht erkennen, dass auch wir als Erzähler:innen uns beim Recherchieren und Schreiben verwandeln. Wir fließen mit unseren Geschichten ein Stück weit den Bach mit hinunter, auch wenn wir nicht einmal als »ich« darin vorkommen.

Den Fluss kurz anhalten: Check, Reflexion, Re-Check

Vor kurzem arbeitete ich gemeinsam mit der Verhaltensbiologin Sonia Kleindorfer, Leiterin der Konrad-Lorenz-Forschungsstelle im oberösterreichischen Grünau im Almtal, an einem Buch über Graugänse. Ich besuchte sie dafür vor Ort, in ihrem Institut, gleich neben Wildpark und Fluss, wo Kolkraben, Waldrappe und eben Graugänse erforscht werden. Zu jeder Zeit sind mehrere Zimmer der Forschungsstelle belegt für internationale Studierende, die ihre wissenschaftlichen Projekte hier umsetzen. Kleindorfer, Ornithologin und ursprünglich US-Amerikanerin, hat zwar in Wien promoviert, lebte aber lange in Südamerika und Australien, bevor sie 2018 nach Österreich zurückkam.

In der Forschungsstelle hat sie vor der Gemeinschaftsküche auf dem Schwarzen Brett, das eigentlich ein Whiteboard ist, drei Zettel aufgehängt. Auf ihnen stehen drei Fragen, adressiert an die Studierenden: »Wie bist Du zu dem geworden, die oder der Du heute bist – was ist Dein Berufs-Narrativ? Welche Aha-Momente haben Dich geprägt? Und: Was ist Deine professionelle Vision für die Zukunft?« Kleindorfer sagt, es kann für unsere Gegenwart nützlich sein, die Einflüsse, die uns in unserer jeweiligen Vergangenheit geprägt haben, zu identifizieren. »Solche Einsichten helfen uns, uns selbst besser kennenzulernen: unsere Denkmuster, unsere

Vorurteile und unsere Prädispositionen.«[25] Kleindorfer ist auch eine große Anhängerin von »Aha-Momenten«:

> »Jenes Augenblicks, in denen etwas, das Sie sehen oder auf eine andere Art wahrnehmen, eine gedankliche Verbindung, die Sie plötzlich herstellen, Sie zum Staunen bringt. Ich frage mich, ob diese Aha-Momente eine einzigartige Eigenschaft der Menschen sind. Im Alltag bewirken sie bei uns oft einen Motivationsschub, der uns ein Problem in ganz neuem Licht erscheinen lassen oder uns eine neue Perspektive zeigen kann. In der Wissenschaft lassen sich auf Basis solcher Aha-Momente neue Fragen und in weiterer Folge Hypothesen und Experimente entwickeln. Fragen sind dabei ungemein nützlich. Sie gestalten unsere Visionen, die uns in die gewünschte Richtung bringen.«[26]

Deshalb halte sie ihre Studierenden dazu an, sich zu überlegen: Wo kommen sie her, wo gehen sie hin? Kleindorfer sagt, dass es aus ihrer Sicht ungemein wichtig sei, solche richtungsgebende Narrative gegenüber sich selbst und im Gespräch mit anderen zu formulieren. Und wieder und wieder neu zu formulieren.

Ein weiterer journalistischer Grundsatz lautet: *Check, Re-check, Double-check.* Das bezieht sich in erster Linie auf die Fakten, gilt aber auch auf der Reflexionsebene: Habe ich in meiner Recherche und beim Erzählen der Geschichte nichts übersehen? Habe ich das, was ich erfahren habe, »richtig« verstanden? Gelingt es mir, die Aussagen meiner Gesprächspartner:innen so einzuordnen, dass meine Leser:innen sich selbst einen Überblick verschaffen können?

Auch hier geht es wieder darum, zwei vermeintliche Gegensätze unter einen Hut zu bekommen, sich so geschickt wie möglich auf einem Kontinuum zwischen den Polen zu bewegen: einerseits offen für Einflüsse, Erfahrungen, Inputs von außen (z. B. von Informant:innen) zu sein, sich andererseits aber zwischendurch Scheuklappen anzulegen, um das Erkenntnisinteresse nicht aus dem Blick zu verlieren. Das resultiert in einem dauernden Prozess des Hin- und Her-Checkens, solange eine:r an einem Text arbeitet, was für eine:n selbst und das Umfeld durchaus anstrengend sein kann.

Manchmal ist es hilfreich, gerade bei größeren Texten oder Erzählprojekten, diese für einen mehr oder weniger langen Zeitraum »liegenzulassen«. Den Fluss bewusst zu unterbrechen. Solche Verschnaufpausen, ein solches »Verhoffen«, wie es im Jägerlatein heißt, wenn das Reh stehenbleibt, um zu lauschen, weil es etwas gehört hat oder um Witterung aufzunehmen, helfen dabei, mit frischem, verändertem und kritischerem Blick noch einmal an das Geschriebene heranzugehen, um es gegebenenfalls zu verwerfen, verändern oder verdichten. In solchen Schleifen besinnen wir uns eher darauf, was der Text eigentlich aussagen soll, und reflektieren, was wir bereits recherchiert bzw. zu Papier gebracht haben. Das *Check, Re-check, Double-check* lässt sich dabei auch auf erzählerischer Ebene anwenden: Welches Narrativ bedienen wir?

Geschichten haben immer Vergangenheit und Zukunft, bei jeder von ihnen müssen manche Aspekte außen vor bleiben. Wir machen nur Momentaufnahmen und müssen sie einbetten – wenn unsere Auftraggeber:innen das zulassen. Als Leser:innen müssen wir erkennen und damit umgehen lernen, dass auch *Formate* fließen, changieren: In sogenannten Corporate Media (Unternehmensmedien), von Influencer:innen in den sozialen Medien, in Advertorials und TV-Edutainment-Formaten wird ständig parallel ein Storyselling betrieben, bei dem sich Werbungen als Geschichten verkaufen.

Die Übergänge sind auch hier: fließend. Es gibt unzählige Zwischenstufen, auch ich habe schon für Corporate Media gearbeitet, wenn sich das mit meinem Anspruch an Wahrhaftigkeit vereinbaren ließ. Als Rezipient:in bleibt es einem oder einer nicht erspart, eine Sensibilität für unterschiedliche Formate zu entwickeln und sich immer wieder nach dem erwähnten *Cui bono?* zu fragen – will mir da gerade jemand etwas verkaufen?

Beim Geschichtenerzählen können wir uns somit auch fragen: Welchen Schluss ziehen meine Leser:innen aus den Informationen meiner Geschichte oder der Art und Weise, wie ich sie aufgebaut habe? Hat ein:e Protagonist:in die Zukunft in Sicherheit gebracht? Können sie nach der Lektüre die kritische Frage, die der Text behandelt, als erledigt abhaken oder beginnt es in ihrem Kopf zu rattern und sie kommen selbst ins Nach- und Weiterdenken? Noch einmal Haraway:

»Unruhig zu bleiben erfordert [...] es zu lernen, wirklich gegenwärtig zu sein. Gegenwärtigkeit meint hier nicht einen flüchtigen Punkt zwischen schrecklichen oder paradiesischen Vergangenheiten und apokalyptischen oder erlösenden Zukünften, sondern die Verflechtung von uns sterblichen Krittern[27] mit unzähligen unfertigen Konfigurationen aus Orten, Zeiten, Materien, Bedeutungen.«[28]

Um unruhig zu bleiben, »müssen wir uns auf eigensinnige Art verwandt machen«, überraschende Verbindungen und Zusammenarbeiten aufnehmen, denn: »Wir werden miteinander oder wir werden gar nicht.«[29] Nicht das Erledigen, das Finden, das Ankommen sind die relevanten Bewegungen in diesem Zusammenhang, sondern das Suchen und damit das zeitweilige Innehalten und Zuhören, das Reflektieren und Improvisieren, ein Weiterschnüffeln und Weiterwursteln – im Fluss.

Kapitel 6

Der Bottom-up-Zugang

Partizipativ und multi-perspektivisch erzählen

»Sie schrieben, wie Frauen schreiben, nicht wie Männer schreiben.«

Viriginia Woolf, Ein eigenes Zimmer

Sie kommt in unseren Breiten jedes Jahr, unbarmherzig verlässlich: die medial vermittelt »besinnliche« Zeit im Dezember. Das Weihnachtsfest steht vor der Tür, und der Jahreswechsel mit der Tendenz, Bilanz zu ziehen, zu reflektieren, sich eben: zu besinnen, dankbar zu sein, dafür, dass es uns »so gut« geht. Der Österreichische Rundfunk ORF nutzt diese vermeintliche Zeit der Einkehr (denn eigentlich sind im Jahres-Endspurt alle noch viel gestresster als sonst) alljährlich für eine Spendenaktion. Mit »Licht ins Dunkel« soll für Menschen mit Behinderungen bzw. für die Einrichtungen, in denen sie leben, Geld gesammelt werden; die Spendenempfänger werden in dem Kontext häufig als jene bezeichnet, denen es »nicht so gut« gehe, deren Dasein bemitleidenswert sei. Politiker:innen und Promis setzen sich dafür an die Spendentelefone, Künstler:innen geben Benefizvorstellungen. Österreicher:innen spenden Millionen.

Doch es gibt da einen Haken: »Das hat immer diesen Almosen-Charakter. Wir sind immer die Bittsteller«, sagt Roswitha Schachinger, Vizepräsidentin des Österreichischen Behindertenrats, in der Doku *Das Spendenproblem*[1] (2022). Darin fordern Menschen mit Behinderungen die Abschaffung von Licht ins Dunkel, weil sie eben nicht Bittsteller sein wollen, sondern laut UN-Behindertenrechtskonvention[2] Recht auf ein selbstbestimmtes Leben haben. In Deutschland etwa wurde die vergleichbare »Aktion Sorgenkind« des ZDF im Jahr 2000 in »Aktion Mensch« umbenannt.

In der *Spendenproblem*-Doku wird die 18-jährige Lisa Vas porträtiert, die sich auch *mit* ihrer Behinderung »pudelwohl« in ihrem Leben fühle, wie sie sagt. Sie hat ein mit Licht ins Dunkel-Spenden finanziertes Handbike bekommen, mit dem sie im Rollstuhl schneller vorankommt und auch bergauf fahren kann. So gelangt sie nun selbstständig in den Reitstall, wo sie fast jeden Nachmittag bei ihrem Pony verbringt. Es sei ihr unangenehm »wie so eine Art Bettler Geld einzuheimsen«, aber anders hätten sie und ihre Familie sich das Handbike nicht leisten können. Einen Grund, bemitleidet werden zu müssen, sieht sie nicht.

Österreich ist in der Umsetzung der Behindertenrechtskonvention säumig.[3] »Österreich muss seine Politik dahingehend ändern, dass ein Programm wie Licht ins Dunkel nicht notwendig ist, weil es die Menschenrechte von Menschen mit Behinderungen verletzt«, sagt Stig Langvad, ehemaliger UN-Prüfer der Behindertenrechtskonvention in der Doku. *Das Spendenproblem* holt dieses Säumnis ins mediale Bewusstsein.

Und nicht nur das: Die Doku stammt von dem unabhängigen Online-Medium *andererseits,* bei dem Menschen mit und ohne Behinderungen oder Lernschwierigkeiten journalistisch zusammenarbeiten – in der Recherche, bei Moderation und Gestaltung von Textbeiträgen, Illustration und Dokufilmen. Die Plattform *andererseits* wurde 2020 von einem siebenköpfigen Team mit und ohne Behinderung – Clara Porák, Hanna Gugler, Katharina Brunner, Luise Jäger, Katharina Kropshofer, Sebastian Gruber und Matthias Porák – gegründet und umfasst heute rund zwei Dutzend regelmäßig Mitarbeitende, zu denen seit 2021 projektweise auch ich selbst gehöre.

Bei *andererseits* arbeiten Journalist:innen mit und ohne Behinderung inklusiv zusammen. In 14-tägigen Redaktionssitzungen werden aktuelle Recherechethemen diskutiert und außerdem besprochen, welche Projekte in nächster Zeit anstehen. Zwei Mal pro Jahr trifft sich das Team zu einem Ideentag, um redaktionelle Schwerpunkte festzulegen. Parallel dazu gibt es einmal pro Monat eine Reflexionssitzung – als Austauschforum für das Team, in dem jede:r seine oder ihre Bedürfnisse für die journalistische Zusammenarbeit äußern kann. »Wir sprechen viel darüber, was wir brauchen, um gut zu arbeiten und worauf wir stolz sind«, erzählt *andererseits*-Journalist Nikolai Prodöhl. Jedes Quartal trifft sich außerdem das inklusive

»Mitbestimmungsteam«, in dem über Finanzierung und Entwicklung des Unternehmens gesprochen wird.

In der Redaktion gibt es Journalist:innen, die sich auf das Schreiben von Artikeln, auf Audio- oder eben auch Filmbeiträge spezialisieren. Bei *andererseits* geht es uns nicht nur darum, dass Menschen mit Behinderungen ihre Sicht der Dinge journalistisch äußern bzw. veröffentlichen können, sondern darum, dass Menschen mit Behinderungen auch eigene Themen setzen oder Themenschwerpunkte kuratieren können.

Für mich ist das, was bei *andererseits* passiert, der Inbegriff dessen, was ich im Journalismus unter einem partizipativen Zugang verstehe: einen Zugang zur Geschichte (insbesondere zum *long read*, also zum ausführlichen, nicht unbedingt tagesaktuellen journalistischen Stück), der sich durch viele diverse Blicke und Perspektiven auf ein Thema ergibt – oder deshalb auch wieder verworfen wird. Denn auch die renommiertesten Erzähler:innen und auch die authentischsten Protagonist:innen sind nicht allwissend oder unfehlbar.

Schon beim Start einer Recherche sollten wir uns als Geschichtenerzähler:innen deshalb bewusst sein, dass unser subjektiver Blick auf ein Thema immer unvollständig ist und bleibt. Es braucht diverse Mitschreibende, Informant:innen verschiedenster Gestalt, denen wir auch wirklich aufmerksam zuhören, Feedback von Leser:innen, um die Erzählung vollständiger zu machen. Abgesehen davon braucht es auch andere Geschichtenerzähler:innen, die sich – obwohl im journalistischen Betrieb unattraktiv, weil Medien Geschichten möglichst »exklusiv« bringen wollen – desselben Themas annehmen: mit ihrem wiederum subjektiven Blick, um die Gefahr einer einzelnen, alles dominierenden Erzählung zu bannen. Und es braucht Geschichten, die Ambivalenzen, die Widerrede vermitteln und aushalten können. Wie können wir das angehen?

Kollektiv als Korrektiv: Teilhabe statt Aktivismus

Für motivierend und beispielgebend halte ich im Zusammenhang der Widerrede die Praxis des *talking back*[4] der US-amerikanischen Literaturwissenschaftlerin und Autorin bell hooks. [5] In der Community, in der sie aufwuchs, bedeutete dieses *talking back*, »einer Autorität auf Augenhöhe zu begegnen.

Es bedeutete, es zu wagen, anderer Meinung zu sein, und manchmal bedeutete es einfach, eine Meinung zu haben.« hooks beschreibt, wie in ihrer Kindheit vor allem Mädchen zum Schweigen gebracht, ihr Charakter gebrochen werden sollte[6] – als Junge wäre sie vielleicht ermutigt worden zu sprechen, im Glauben, dass sie einmal zum Predigen berufen sein könnte. Für hooks ist die freie Rede ein Akt des Widerstandes, »eine politische Geste, die eine Politik der Herrschaft herausfordert, die uns unserer Namen und Stimmen berauben würde.«[7]

Wie lässt sich dieses *talking back* in den medialen Diskurs hereinholen? Aus meiner Sicht jedenfalls über den Austausch mit möglichst vielen von einem Phänomen Betroffenen, um die Recherche auf eine breite Basis stellen zu können (oder alternativ kenntlich zu machen, warum eine:r welche Position ausspart). Als weiße Leserin verstehe ich hooks' Praxis des *talking back* als eine Praxis der Selbstermächtigung, nicht länger Objekt eines Diskurses zu sein, sondern als Subjekt[8] an diesem Diskurs teilzunehmen – das hieße für uns Geschichtenerzähler:innen, nicht *über* Minderheiten zu sprechen, sondern *mit* ihnen, sie in Diskurse hereinzuholen, sie zum Kuratieren zu ermutigen. Doch, so könnten Kritiker:innen fragen: Wird bei so vielen Stimmen und Positionen nicht alles sehr kompliziert? Wie erklärt eine:r den Leser:innen so die Welt? Und zu welchem Schluss kann ein:e Journalist:in dabei überhaupt kommen?

Eines der größten Probleme, die sich identifizieren lassen: Einem (partizipativen) Journalismus, der sich eines Anliegens annimmt und dazu recherchiert, wird häufig Aktivismus vorgeworfen und damit Unseriosität unterstellt. Dabei ist das Aufdecken von Missständen eine der ureigensten Funktionen journalistischen Arbeitens. Um hier professionell, tragfähig zu differenzieren, formuliere ich aus meiner reflektierten Praxis heraus folgende Leitgedanken.

Erstens: Jeder journalistischen Geschichte muss ein Erkenntnisinteresse zugrunde liegen. Die Zweckdienlichkeit ihrer Ergebnisse darf nicht schon vor der Recherche feststehen (denn das wäre aus meiner Sicht »Top-down-Journalismus«, zu dem wir im folgenden Abschnitt kommen werden). Journalismus darf nicht instrumentalisiert, als Mittel zum Zweck missbraucht werden. Stattdessen geht es darum, sich selbst wie den Leser:innen stets Für und Wider innerhalb gecoverter Themen aufzuzeigen und sich mit Anliegen nicht vollkommen gemein zu machen. Hier greift ein journalistisches Prinzip, das wie das *Cui bono?* auch der Rechtssprechung entlehnt ist: *audiatur et altera pars,* die andere Seite ist ebenfalls anzuhören. Denn ohne Gegenstimmen oder Widerrede ist jede Geschichte (auch eine Geschichte der Widerrede im Sinne des *talking back*) unglaubwürdig.

Der Journalismus hat als vierte Gewalt des Rechtsstaats (»Holding the powerful accountable«) also jedenfalls seine Aufgabe wahrzunehmen und auch das anzusprechen, was unangenehm oder unbequem ist, wofür andere (Journalist:innen) vielleicht betriebsblind geworden sind.

Zweitens halte ich das multiperspektivische Momentum auch innerhalb von Redaktionen für entscheidend: Die Wahrheit beginnt zu zweit, heißt es heute fast sprichwörtlich, ursprünglich bei Nietzsche: »Einer kann sich nicht beweisen: aber Zweie kann man bereits nicht widerlegen.«[9] Auch das spricht dafür, ein subjektiv als interessant erkanntes Phänomen erst einmal *intersubjektiv* auf die Probe zu stellen, das heißt in internen Themenkonferenzen und dann in Gesprächen mit unterschiedlichen, aber – gerade, wenn das Phänomen nicht mehrheitsfähig scheint – auch mit verwandten Blicken darauf zu fassen zu bekommen, um die eigene (möglicherweise voreingenommenen) Sicht darauf einordnen zu können.

Das gilt auch für »Medienblasen«, die recht homogenen Branchenkreise, in denen viele Journalist:innen sich bewegen. In Österreichs Redaktionen ist Diversität derzeit ein Fremdwort: Der größte Anteil der Journalist:innen ist männlich (53 Prozent), insgesamt ist ein Drittel von ihnen über 50 Jahre alt (34 Prozent) und hat zirka zur Hälfte einen Studienabschluss (48 Prozent).[10] Journalist:innen mit nicht-deutschsprachigem Migrationshintergrund sind »in Österreichs Redaktionen eklatant unterrepräsentiert«[11]: Während 23,7 Prozent der Gesamtbevölkerung Migrationshintergrund haben, sind es unter Journalist:innen nur 12,4 Prozent (6,4 Prozent davon haben wiederum deutschsprachigen Migrationshintergrund). Die Anteile von Menschen mit Behinderungen in Redaktionen im deutschsprachigen Raum sind nicht zu eruieren.[12] Gleichzeitig leben in Österreich 1,4 Millionen Menschen mit einer Behinderung.[13] Der journalistische Betrieb muss jetzt nicht exakt so repräsentativ sein wie das Parlament, aber »ein bisschen repräsentativer« wäre angesichts der derzeit so homogenen Journalist:innenszene erstrebenswert. Andere Blicke sähen nämlich auch andere Themen oder würden die bekannten Themen auf neue Art und Weise behandeln. Genau diese »anderen« Stimmen sind es am ehesten, die Widerrede gäben.

Bei *andererseits* ist uns deshalb wichtig, dass Menschen mit Behinderungen nicht etwa nur über ihre Behinderung, sondern gerade auch über allgemeine Phänomene recherchieren und schreiben (siehe z. B. den *andererseits*-Schwerpunkt zum Thema »Rausch«). Mit einem in diesem Sinne inklusiven Journalismus warnoch kein anderes Medium (im deutschsprachigen Raum) journalistisch so erfolgreich wie *andererseits*.[14] Und auch wir lernen ständig dazu.

Wie funktioniert die Zusammenarbeit derzeit in der Praxis? Für die aktuelle Doku *Rette sich wer kann* (2023) – in der es darum geht, wie der Katastrophenschutz für Menschen mit Behinderungen versagt – haben wir zuerst überlegt, was uns im Team wichtig ist. Zum Beispiel: Dass jede:r auf irgendeine Art sein oder ihr Interesse im Filmprojekt ausleben kann. Kollege Artin Madjidi etwa wollte moderieren und bei den Dreharbeiten dabei sein. Ich wollte lieber Aufgaben hinter der Kamera übernehmen, Produktionsplanung und Organisation.

Beim inklusiven Arbeiten sollten keine zu langen Drehtage, Arbeitsblöcke oder Besprechungen eingeplant sein. Kolleg:innen übernehmen an den gemeinsamen Arbeitstagen manchmal auch die Aufgaben von Assistent:innen. All das kann für alle Beteiligten anstrengend sein und Arbeitsprozesse verlangsamen. Inklusives Arbeiten verlangt so ein deutliches Mehr an zeitlichen wie personellen Ressourcen. Im *andererseits*-Team wird dieses »Mehr« derzeit weitgehend ehrenamtlich geleistet.

Für Texte arbeiten wir bei *andererseits* auf eine besondere Art zusammen, nämlich in Form der »unterstützen Autor:innenschaft«[15]: Autor:innen wird zum Beispiel bei der Organisation von Recherchen oder beim Finden einer Erzählstruktur für ihren Text zugearbeitet – je nachdem, welche Unterstützung sie benötigen. Nikolai Prodöhl aus Hamburg, der seit 2020 bei *andererseits* dabei ist und auch für den Radiosender TIDE berichtet sowie eine Kolumne im deutschen *Tagesspiegel* schreibt, nimmt üblicherweise via Videokonferenz am Redakionsgeschehen teil. Er beschreibt die »unterstützte Autor:innenschaft« so:

> »An einem Artikel arbeiten wir immer zu zweit oder zu mehreren zusammen. Wir überlegen, welche Expert:innen und Betroffenen wir dazu einladen möchten. Gemeinsam entwickeln wir die Interviewfragen und führen die Interviews durch. Zusammen recherchieren wir Fakten und Studien. Nachdem die Texte geschrieben wurden, erfolgt die Redigatur, Faktencheck und das Lektorat. Das heißt: Es wird geschaut, ob man alles versteht, ob alles stimmt und ob Fehler im Text sind. Danach wird der Artikel online veröffentlicht.«[16]

Prodöhl hat etwa Artikel über seine Arbeit in der Werkstatt für Menschen mit Behinderungen und über seine Erfahrungen mit Online-Dating-Apps bei *andererseits* veröffentlicht. Geachtet wird dabei besonders auf einfache Sprache, das bedeutet, dass Sätze kurz sein sollen und Fremd- wie Fachwörter sparsam verwendet und erklärt werden.

So passiert Inklusion nicht über Aktivismus, sondern über: Teilhabe. Durch die Tendenz, z. B. Fachvokabular (mit dessen Verwendung sich Journalist:innen sonst eventuell – und vermeintlich – profilieren möchten) zu vermeiden oder Hintergründe zu erklären, wird Journalismus nicht nur für Medienschaffende wie Nikolai Prodöhl, sondern auch für Rezipient:innen mit und ohne Behinderungen niederschwelliger zugänglich. Das heißt dabei nicht, dass nicht auch komplexe Vorgänge oder Zusammenhänge in einfacher Sprache ausgedrückt werden können. Dafür braucht es aber das Bewusstsein, dass es selbst im Journalismus, in dem es ja praktisch per Definition schnell gehen muss, manchmal allen – auch dem Produkt – besser tut, das Tempo zumindest ein bisschen zu drosseln, einen kleinen Schritt zurückzutreten, um Zusammenhänge besser in den Blick zu bekommen, dem Gegenüber mehr Aufmerksamkeit zu schenken und Reflexionssitzungen einzuplanen, um die Ressortkolleg:innen besser zu verstehen. Denn für die Qualität eines Diskurses ist es von Gewicht, welche Stimmen ihre Stimmen erheben.[17]

Weder Relotius noch »SNU«

Meinen Begriff des partizipativen journalistischen Arbeitens und Erzählens – als eine Facette des ökologischen Erzählens – verstehe ich als eine

Bottom-up-Methode[18]: Bei einer solchen Arbeitsweise wird die Geschichte »von unten nach oben« entwickelt. Zum Beispiel so: Ein Phänomen, das für die Berichterstattung interessant wäre, kristallisiert sich nach und nach in Gesprächen heraus, eine zu überprüfende These wird formuliert, ergebnisoffene Recherchen beginnen an der Peripherie des Themas, wenden sich gerade auch Kritiker:innen der eigenen These zu, bis eine:r zum inhaltlichen Kern vordringt und schließlich eine Geschichte zu Papier bringt (oder eine andere mediale Ausdrucksform dafür findet).

Diese Arbeitsweise stelle ich jener Top-down-Kommunikation gegenüber, wie sie häufig in Marketing, Werbung oder PR angewandt wird: Dabei ist zuallererst eine zu kommunizierende Botschaft fixiert, sei sie von oben verordnet oder selbst verschrieben. Im nächsten Schritt werden Geschichten bzw. »Inhalte« rundherum ge- oder erfunden, um die Botschaft glaubwürdiger erscheinen zu lassen. Es handelt sich um eine Ausprägung jenes »Storysellings«[19], von dem schon in der Einleitung die Rede war. Kritische Stimmen kommen dabei nur als Alibi oder gar nicht zu Wort. Bei der Bottom-up-Methode hingegen versucht sich eine:r nach bestem Wissen und Gewissen zu informieren, bevor eine:r – wenn überhaupt – reflektiert und vorläufig zu einem Schluss oder einer »Botschaft« kommt.

Von Politiker:innen und werbetreibender Wirtschaft wird die Top-down-Methode auch im Sinne eines Agenda-Settings[20] angewandt, als eine Art Machtspiel im öffentlichen Diskurs: Sie können damit zwar nicht bestimmen, *was* wir Bürger:innen denken, bis zu einem gewissen Grad aber *worüber* wir nachdenken, *worüber* Medien berichten, *worüber* in den sozialen Medien diskutiert wird. Die Kommunikationsabteilungen politischer Parteien sind dabei heute oft größer als ganze Zeitungsredaktionen: Dank sozialer Medien können sie mit ihrer immer gewiefteren Kommunikation die Instanz des journalistischen Faktenchecks und der professionellen Einordnung durch unabhängige Redaktionen umschiffen und ihre von Eigeninteressen getriebenen Botschaften (hier greift die Frage: *Cui bono?*) direkt und ungefiltert an Bürger:innen senden. So kam es etwa auch zum »SNU«.

Als »strategisch notwendigen Unsinn«, kurz SNU, bezeichnet Gerald Fleischmann, jahrelang Pressesprecher des ehemaligen österreichischen Bundeskanzlers Sebastian Kurz (ÖVP) eine solche Top-down-Methode in seinem 2023 veröffentlichten Buch *Message Control*, in dem er von Hintergründen des politischen Betriebs aus seiner Praxis erzählt: Um von im eigenen Interesse ungünstigen Meldungen abzulenken, wird die Aufmerksamkeit von Journalist:innen wie Bürger:innen im Wochentakt auf andere, übertriebene oder erfundene Nachrichten oder Botschaften hingelenkt. »Oft funktionierte das nicht, aber ab und zu«,[21] schreibt Fleischmann.

Nicht nur in der politischen Kommunikation, auch im Journalismus gibt es die Top-down-Erzählung – eben im tatsächlich aktivistischen Journalismus bzw. bei jenem, der sich an den Held:innenmythos anlehnt, weil von Anfang an klar ist, wer am Ende gewinnen wird. Als konkretes Beispiel dafür lässt sich die Vorgangsweise von Claas Relotius heranziehen: Der Journalist konzipierte und inszenierte (oder: erfand) für das deutsche Magazin *Der Spiegel* zahlreiche, später auch preisgekrönte Reportagen – nach seinem Drehbuch. Das Leben schrieb diese Geschichten jedenfalls nicht.

Wenngleich das Ausmaß der Relotius-Fälschungen wohl kaum jemand erreicht, schöngefärbt und zugespitzt wird im Journalismus dauernd. Relotius' Vorgehen kann so auch als Indiz für den Druck der »packenden« Geschichte gesehen werden, der u. a. von (Chef-) Redaktionen auf die Mitarbeitenden ausgeübt wird, ebenfalls im Sinne eines kommerzialisierten »Storysellings«, also: um die Auflage zu steigern. Denn »Geschichten sind unwiderstehlich«[22], schreibt Relotius-Aufdecker Juan Moreno. Und: »Relotius' Herangehensweise war, seine Geschichten wie im Film zu denken, oft genug in Stereotypen. Die Realität hat ihn kaum interessiert.«[23]

Doch, ob nun SNU oder Relotius' Reportagen: Müssen Geschichten mit Gewalt derartige Stempel aufgedrückt werden, um Aufmerksamkeit auf sich zu ziehen?

»Das Interview überdenken«, irritierbar bleiben

An einem Vormittag im Sommer 2021 bin ich mit der österreichischen Umwelthistorikerin Verena Winiwarter in einem Wiener Café verabredet. Sie ist eine der renommiertesten Wissenschaftler:innen des Landes, ich treffe sie für ein Interview – und sie ist nicht gut aufgelegt. Gerade kommt sie von einer Exkursion aus Tirol zurück, bei der sie dem noch vergletscherten Jamtalferner beim Schmelzen zuschauen konnte, wie sie sagt. Noch bevor wir so richtig ins Gespräch kommen, tut sie etwas Ungewöhnliches: Sie packt ihr Strickzeug aus und beginnt zu stricken. Es würde mich doch nicht stören?, fragt sie. Sie stricke häufig in Videokonferenzen oder bei Veranstaltungen, in denen sie im Publikum sitzt.

Ich habe in meiner Zeit als Tageszeitungsjournalistin in den 2000er-Jahren viele, viele Interviews geführt, empfand dabei aber oft ein Unbehagen. Insbesondere bei Menschen, die selten mit Medien zu tun hatten: Ich hörte mir ihre Geschichte an, aufgrund der knappen Zeit *nur* ihre Geschichte, nahm sie auf, ging damit weg – und am nächsten Tag konnten die Interviewten gemeinsam mit allen anderen sie in der Zeitung lesen.[24] Wer sollte mir mit so einer Vorgangsweise etwas Kritisches, Interessantes, Überraschendes anvertrauen?, fragte ich mich. Ich jedenfalls würde es nicht tun.

Rasch wurde ich deshalb Anhängerin der sogenannten »Autorisierung« von Interviews, bei der Interviewte das, was von ihrem Gesagten später in der Geschichte vorkommen wird, vor der Veröffentlichung noch einmal zum Gegenlesen bekommen – nicht die ganze Geschichte, aber ihre Zitate (im jeweiligen Textzusammenhang). Diese Praxis halte ich für informative Interviews mit Laien oder unabhängigen Gesprächspartner:innen für äußerst sinnvoll – je weniger Medienerfahrung Gesprächspartner:innen haben, umso mehr Rücksicht gilt ihnen bei der Autorisierung. Wir dokumentarische Erzähler:innen profitieren schließlich davon, dass andere uns ihre Geschichten erzählen, ihren Erfahrungsschatz mit uns teilen. Erzählt mir etwa eine Alleinerziehende in vertrauensvoller Atmosphäre Details aus ihrem Alltag, die sie, nachdem sie darüber geschlafen hat, vielleicht doch lieber nicht in der Zeitung oder online lesen möchte, haben wir als Geschichtenerzähler:innen oder Journalist:innen die Verantwortung, zu einem beide Seiten zufriedenstellenden Kompromiss zu kommen und Privatsphären zu respektieren.

Bei konfrontativen Interviews hingegen, bei denen eine:r dem wahrscheinlich mediengeschulten Gegenüber manchmal auch entlarvende Aussagen entlockt, die bei der späteren Autorisierung von Pressesprecher:innen wieder gestrichen werden würden, ist die Praxis hingegen journalistisch kontraproduktiv – oder verlangt der Journalist:in jedenfalls diplomatisches Geschick ab, damit sich das tatsächlich Gesagte im veröffentlichten

Interview doch noch wiederfindet (eine:r aber auch nicht die Gesprächsbasis mit den Interviewten bzw. deren Presseteam verliert).

Da war aber noch etwas, das mich in der Selbstbeobachtung und Beobachtung anderer bei Interviews störte, nämlich, wie sehr wir Fragensteller:innen oft an unseren vorgeschriebenen Skripten und Fragenprotokollen hingen, wie wenig wir auf unser Gegenüber eingingen. Da kam mir ein Essay der Autorin und Journalismustrainerin Lauren Kessler unter: *Re-Thinking the Interview*, hieß der, also »Das Interview überdenken«. Darin kritisiert sie:

> »Wir haben eine vielgebrauchte, vielgeliebte, regelrecht dogmatische Methode zum Sammeln von Geschichten und Informationen, die ernsthafte, möglicherweise fatale Fehler aufweist. [...] Die Fragen, die wir stellen, sind ein Ergebnis dessen, wer wir sind und wie wir denken. Aber wollen wir nicht herausfinden, wer die Befragte ist und wie sie denkt?«[25]

Kessler plädiert in ihrem Text dafür, dass Journalist:innen deshalb versuchen könnten, besser zuzuhören. »Zuhören [...] bedeutet, eigene Gedanken hintanzustellen, im Moment präsent zu sein und den Fokus zu finden, der es ermöglicht, tatsächlich aufzunehmen, was jemand anderer sagt.«[26] Das, so weiß ich aus vielfacher eigener Erfahrung, kann irritierend, unangenehm oder anstrengend sein. Tauchen wir bei einem Interview-Termin auf, haben wir oft bereits eine Erzählung samt daraus resultierender Botschaft im Kopf und sie vielleicht auch schon der Redaktion angekündigt, weil die wiederum vorplanen muss. Solche Erzählungen entsprechen, wie ich schon argumentiert habe, einer Ordnungsstruktur, mit der wir Journalist:innen den Leser:innen die Welt erklären wollen. Zuallererst erklären wir sie uns damit aber selbst.

Sitzt mir nun also ein:e Gesprächspartner:in gegenüber, der oder die diese Ordnungsstruktur über den Haufen wirft, habe ich eines oder mehrere folgender Probleme: Wie bringe ich die Geschichte dennoch »auf den Boden«, also: Lässt sich dem Gespräch etwas Berichtenswertes entnehmen, auch wenn es sich in eine ganz andere Richtung als geplant entwickelt? Wie erkläre ich die neue Wendung der Redaktion? Wie glaubwürdig oder verlässlich ist mein Gegenüber überhaupt? Zahlt es sich aus, sie oder ihn wieder zurück zu »meinen« Fragen zu führen, oder ist die neue Fährte vielleicht doch interessanter? Welche (sinnvollen) Fragen stelle ich in dem Fall als Nächstes?

Rund zehn Jahre nach meiner Anfangszeit in der Tageszeitung bin ich ab 2016 Magazinjournalistin und begleite selbst angehende Journalist:innen in den Beruf. Ich lese mit ihnen Kesslers Text und habe ein eigenes Denkbild für den Auftrag von Journalist:innen in der Interviewsituation gefunden: Es ist, als würde eine:r einem Hund ein Stöckchen werfen, der diesem nachjagt und es eifrig zum Werfenden zurückbringt. Wir Journalist:innen sind dabei die Hunde, die ihren Menschen aufmerksam zuhören, sie ganz genau beobachten und zum Beispiel auch schon vor dem nächsten Wurf ihre Körpersprache lesen, um zu erahnen, in welche Richtung die Reise geht.

Tun wir es den Hunden gleich, werden wir erkennen, dass unsere Interviewpartner:innen uns solche Stöckchen werfen, »sprechende« Antworten geben, in denen sie sich beiläufig erklären, bei denen es sich lohnt nachzufragen. Nachfragen werden überhaupt viel zu selten gestellt (selbst so banale wie »Wie ist das zu verstehen?« oder »Wie sieht das in der Praxis aus?«). Indem eine:r einfach immer weiter den Stöckchen folgt, die das Gegenüber in seinen Antworten wirft: Im Prinzip lässt sich so aus einer einzigen Frage ein ganzes Interview entwickeln. Übrigens auch ein kritisches, denn auch das sind Stöckchen: Wo erkenne ich als Journalist:in eine Lücke in der Argumentation? Wo hat das Gegenüber vielleicht eine Leerstelle, weil sie oder er einen wichtigen Aspekt gar nicht erwähnt oder abtut?

Genau das macht die Aufgabe des Interviewens so anstrengend: ja keine Äußerung des Gegenübers verpassen und diese live einschätzen, um mit der entsprechenden Anschlussfrage reagieren zu können, gleichzeitig aber auch den groben Fragenrahmen im Kopf zu behalten (oder zu verschieben), ständig irritabel und adaptiv zu bleiben. Kessler formuliert das als »zu wissen wonach Sie Ausschau halten, und gleichzeitig völlig offen für das Unvorhersehbare zu sein«[27]. Und dabei außerdem einigermaßen freundlich und im Gespräch zu bleiben.

Auch dieser Zugang zum Interview ist übrigens ein Bottom-up-Zugang. Zu meinem Termin mit Verena Winiwarter erschien ich mit der Erwartung, wir würden über die SDGs, das sind die UN-Nachhaltigkeitsziele, und das Engagement von Wissenschaftler:innen in der Klimakrise reden. Das taten wir auch, aber das Gespräch bekam auch einen ganz neuen Dreh durch die Art, wie Winiwarter ihr Stricken als einen widerständigen Akt vor meinen Augen präsentierte; als ein Handeln, das ein Produkt herstellt, welches »nicht einem durch und durch kapitalistischen Effizienzprozess unterliegt«. Dieser Akt sei außerdem ein »heilender«, der sie angesichts wachsenden *ecological griefs* arbeitsfähig halte, ihr symbolhaft zeige, dass es auch nicht schlimm sei, wenn ihr einmal ein Fehler im Strickmuster unterlaufe.[28]

Um also auf meine Frage zurückzukommen, wie Geschichten aussehen sollten, um »spannend« oder »packend« zu sein oder die Aufmerksamkeit auf sich zu ziehen: Für das Interview mit Winiwarter war es ein viel interessanteres Erkenntnisinteresse als das ursprüngliche, wie sie sich als eine, die sich beruflich täglich mit Klimakrise, Artensterben und Lebensraumzerstörung auseinandersetzt, aufrecht und arbeitsfähig hält. Auch hier kommt es wieder auf die Frage an, die eine Geschichte leitet: Weniger »Wer gewinnt?«, mehr »Wie geht eine:r damit um?« tut einem ökologischen Erzählen gut. Aus meiner Sicht und praktischen Erfahrung haben alle lebendigen Geschichten, Le Guins »Lebensgeschichten«, eines gemeinsam: Sie sind irritierbar nah am Leben. Irritierbar nah am Menschen oder an jenem Phänomen, das es zu covern, über das es zu berichten gilt.

Was das alles zusammenhält? Die Erzählstimme!

Der partizipative Zugang zum Journalismus, die Bottom-up-Erzählung, das Irritierbar-bleiben: Dies alles sind Praktiken, die einem geläufigen Mythos widersprechen – dem Mythos des Schreibtalents (der vielleicht auch nur eine Variante des Held:innenmythos ist). Demzufolge ist »schreiben zu können«, im Sinne von journalistisch oder literarisch schreiben zu können, eine Gabe. Ich bin keine Anhängerin dieses Mythos.

Vielmehr bin ich davon überzeugt bzw. *wurde* ich von vielen Autor:innen überzeugt, die ich in Redaktionen oder beim Schreiben dokumentarischer Texte begleitet habe, dass gut verständliches und angenehm lesbares Schreiben sich mit ein bisschen Starthilfe und mit der Schreibroutine einstellen. Natürlich geht das nicht von heute auf morgen, ist oft mühsam und erfordert Durchhaltevermögen. Jedenfalls ist es nicht nur ein angeborenes Talent. Genauso ist es übrigens mit dem Identifizieren eines Erkenntnisinteresses, dem es sich lohnt journalistisch nachzugehen, dem Führen von

Interviews, dem Einschätzen und Ordnen von Rechercheergebnissen – all das lässt sich erlernen.

Wie sind im Zuge einer Recherche verschiedene Wortmeldungen zu beurteilen, zu gewichten? Grundsätzlich sind alle Meinungen zuzulassen, solange sie wissenschaftsbasiert argumentieren – oder auch wissenschaftskritisch, aber auch dann braucht es eine evidenzbasierte (also auf Tatsachen beruhende) Kritik –, sonst führt das zu einer *false balance*: Das bedeutet, dass in einer Diskussion oder Geschichte einer zum Beispiel nicht-wissenschaftlichen Darstellungsweise mehr Raum und Gewicht eingeräumt wird, als gerechtfertigt. Das alles sind »Übungen«, in denen eine:r als Journalist:in und auch wir als gesamte Branche umso firmer werden, je öfter wir sie trainieren (und im Training unweigerlich auch Fehler machen).

In diesem Sinne kann eine:r auch das Zu-Wort-kommen-Lassen einer Erzählstimme trainieren, natürlich im Schreiben (zum Beispiel auch von Tage- oder Logbüchern), im Redigieren von Texten anderer, so, als wären sie die eigenen (d.h. mit Respekt vor dem oder der Autor:in), aber auch: im Lesen. Die Erzählstimme ist jene Stimme, die Leser:innen beim Lesen einer Geschichte im Ohr haben – und ein:e Autor:in kann sich mit einer bestimmten Haltung, mit einem bestimmten Charakter ans Schreiben einer Geschichte machen, die für Leser:innen dann zwischen den Zeilen mitschwingt. Möchte ich klingen wie ein:e Universitätsprofessor:in? Wie ein:e Sporttrainer:in? Unaufgeregt oder agitatorisch? Wie die deutsche Synchronstimme von Marge Simpson?

In der Schreibtheorie wird versucht, den Schreibprozess fassbar zu machen. Meiner Ansicht nach gelingt das mit folgendem Modell[29] besonders gut: Beim Schreiben wird entweder (1) Wissen einfach wiedergegeben wird, (2) Wissen auch transformiert, also „schreibend gedacht“ wird, oder (3) ein sogenanntes *knowledge crafting* passiert:

> »Beim Knowledge-Crafting ist die Schreiberin schließlich in der Lage, während des Schreibens gleichzeitig zu reflektieren, was sie für Gedanken ausdrücken möchte, was der bis zu diesem Zeitpunkt geschriebene Text von diesen Ideen schon transportiert und wie der Text von zukünftigen Lesern interpretiert werden wird.«[30]

Vergleichbar, so heißt es bei Girgensohn/Sennewald, sei Schreiben mit »anderen komplexen Tätigkeiten, wie z. B. dem Spielen einer Violine«.[31] Es brauche viele Stunden Übung und viele Jahre Erfahrung als Musiker:innen, bis sie nicht mehr darüber nachzudenken brauchen, wie und wo die Finger die Saiten aufs Griffbrett drücken müssen, um diesen oder jenen Ton zu erzeugen, oder in welcher Tonart sie gerade spielen. Erst dann »werden in ihrem Gehirn Kapazitäten frei für anspruchsvollere Aufgaben und sie können kreativ werden im Umgang mit ihrem Instrument«[32], etwa um zu improvisieren. Ganz ähnlich ist es beim Schreiben.

Denken wir die Erzählstimme als einen Charakter, dann wird uns vielleicht klar, dass auch sie sich im Laufe einer Geschichte wandeln, weiterentwickeln kann. Sie ist, wie eingangs erwähnt, nicht allwissend, das heißt, auch sie sammelt ihre Erfahrungen und teilt sie ihren Leser:innen mit. So müssen auch wir als Autor:innen uns bewusst sein, dass wir uns, dass unsere Erzählstimmen sich mit jeder Geschichte (die schließlich immer einen Zuwachs an Erzählpraxis bedeutet) wandeln und uns verändern. In welche Richtung, das entscheiden wir nicht allein. Im Zustand eines »antwortenden Zuhörens« haben wir mehr Aufmerksamkeit für die Impulse unserer Interviewpartner:innen, für *ihre* Geschichten. Bleiben wir irritierbar, lassen wir sie mitreden.

Es ist kompliziert – und wir können das aushalten

Eigene Erzählstimme, schön und gut, werden Sie jetzt vielleicht sagen. Aber was ist dann eigentlich mit der Objektivität, die vom Journalismus immer wieder eingefordert wird? Nun ja, es gibt sie nicht. Jedenfalls nicht in einer einzelnen Geschichte einer einzelnen Autor:in. Objektivität ist dabei nicht zu verwechseln mit Äquidistanz, dem professionellen Sich-Distanzieren oder der strikten Gleichbehandlung von politischen Parteien, was durchaus möglich ist, auch wenn eine:r privat eine politische Gesinnung hat. Sie ist auch nicht zu verwechseln mit der Faktentreue z. B. wissenschaftlich fundierten Erkenntnissen gegenüber, die natürlich existiert.

Objektivität hingegen ist ein Ideal, das wir als Journalist:innen stets anstreben, das aber unerreichbar bleibt.[33] Am nächsten kommt eine:r ihr einerseits über Transparenz, das Transparentmachen der eigenen Arbeitsweise, wo nötig. Und andererseits wiederum über Vielfalt bzw. Diversität – die Diversität von Köpfen, die Geschichtenideen haben; die Diversität von Augenpaaren, die in Themenkonferenzen auf diese Ideen blicken; die Diversität von Stimmen, die sie diskutieren und in entstehende Geschichten eingebunden werden; die Diversität von Geschichten, die ihre Leser:innen finden. Denn: Jeder erzählerische Ausschnitt ist von einzelnen oder einigen wenigen Journalist:innen ausgewählt, deren Weltsicht auf ihr Sichten von Daten, Personen oder Schauplätzen abfärbt. Nur eine Diversität der Zugänge kann Objektivität entstehen lassen – und wie erwähnt ist die Medienbranche deutlich weniger divers als die Gesamtbevölkerung.

Wie gefährlich es sein kann, wenn zu einem Thema nur eine (Art von) Geschichte(n) ihre Leser:innen findet, das beschreibt die nigerianische Schriftstellerin Chimamanda Ngozi Adichie in *Die Gefahr der einen einzigen Geschichte*. Sie erzählt in einem gleichnamigen Vortrag 2009, dass sich ihre ersten Erzählungen, die sie im Alter von 7 Jahren schrieb, an den einzigen Geschichten orientierten, die sie damals kannte – und das waren die, die in britischen und amerikanischen Kinderbüchern vorkamen:

> »All meine Charaktere waren weiß und blauäugig. Sie spielten im Schnee. Sie aßen Äpfel. Und sie sprachen viel über das Wetter, wie schön es war, dass die Sonne herauskam. Nun, und dabei lebte ich in Nigeria. Ich war niemals außerhalb Nigerias gewesen. Wir hatten keinen Schnee. Wir aßen Mangos. Und wir sprachen niemals über das Wetter, weil das nicht nötig war.«[34]

Erst als Adichie afrikanische Literatur zu lesen begann, wurde ihr klar, »dass Menschen wie ich [...] auch in der Literatur existieren konnten« – eine solche Perspektive, diese Handlungsoption, diese Form der Ermächtigung war ihr zuvor gar nicht bewusst gewesen. Sie plädiert dafür, »die einzige Geschichte abzulehnen«, denn es gibt »niemals nur eine einzige Geschichte, über keinen Ort«.[35]

Im Idealfall stehen also viele Versionen einer Geschichte nebeneinander. Verwirrend? Wird damit nicht alles zu kompliziert? Der Aufwand, über Gelesenes (oder Gehörtes, Gesehenes) nachzudenken bzw. sich auch aus anderen Quellen zu einem Thema zu informieren, steht in keiner Relation zu der von Adichie beschriebenen Gefahr, dass einzelne Geschichten Stereotype definieren und festigen, dass einzelne Geschichten verunglimpfen und verleumden.

Wir sind grundsätzlich dazu fähig, eine Pluralität von Geschichten und Standpunkten zuzulassen, wir sind dazu fähig, Uneindeutigkeiten und Widrigkeiten auszuhalten, wir sind dazu fähig, Meinungsverschiedenheiten zu akzeptieren, ohne dem Gegenüber die eigene Meinung aufzuzwingen. Das mag manchmal anstrengen und uns Selbstreflexion abverlangen. Aber Widersprüche gehören schließlich zum Leben dazu; sie in Geschichten auszublenden, wiegt uns in falscher Sicherheit. Wir Journalist:innen haben die Verantwortung, Rezipient:innen mit unseren Erzählungen zu vermitteln, dass wir alle (eben auch: Protagonist:in, Erzähler:in) einer umfassenden Komplexität angehören. Und dass sich diese Komplexität erzählen lässt, dass wir sie ertragen und uns mit ihr auseinandersetzen können.

Je vielfältiger die Stimmen und Geschichten, desto höher die Wahrscheinlichkeit, dass eine oder mehrere davon uns dazu verhelfen, der Zukunft gewachsen zu sein. Wenn wir so ein beziehungsreiches, ökologisches Erzählen, das möglichst vielen gesellschaftlichen Gruppen Zugang gewährt, entstehen lassen wollen, könnten wir uns fragen, wie wir diversere Stimmen für journalistisches Arbeiten gewinnen können. Wie kann ich mich um sie bemühen, ihnen entgegenkommen? So ließen sich auch ganz neue Erzähl- oder Medienformate, Foren zur Partizipation und zum Austausch entwickeln.

Das könnte zum Beispiel heißen: Anstatt am Jahresende noch schnell ein paar Euro auf ein Spendenkonto zu überweisen und den Status von Menschen mit Behinderungen als bemitleidenswert und hilfsbedürftig zu untermauern, könnte eine:r einfach Respekt davor haben, wie Menschen mit Behinderungen ihre Leben leben. In *The Future Is Disabled* stellt Autor:in Leah Lakshmi Piepzna-Samarasinha eine starke These vor: Menschen mit Behinderungen sind täglich damit konfrontiert, etwas »anders« machen zu müssen, weil etwa Barrieren sie behindern. In einer Gegenwart und Zukunft geprägt von Pandemien und Populismus, von Erderhitzung und Extremwetterereignissen könnte eine:r sich ein Beispiel an Menschen mit Behinderungen nehmen, sie zu Vorbildern machen. Sie sind Expert:innen dafür, wie eine:r mit Widrigkeiten umgehen kann, ohne gleich zu verzweifeln.[36]

Kapitel 7

Lieber Faulenzer:in als Held:in?

Es gibt so viel mehr *role models*

»›Vielleicht weht uns der Wind etwas Kostbares zu‹, sagte Kiri. ›Einen fliegenden Teppich oder einen bestickten Mantel.‹ – ›Ja, vielleicht‹, sagte Koko. ›Vielleicht aber auch nicht…‹«

Erwin Moser, Koko und Kiri

Wer ist ein Held oder eine Heldin? Eine:r, die oder der die Welt verändert? Dann schauen wir uns doch einmal diesen Helden an: Schlamm, Gatsch, Matsch. Diese Masse ist nicht gerade das, was wir uns als Held:in vorstellen. Im Gegenteil: Wer in den Dreck fällt oder dort wühlt, muss etwas Minderes sein. So lehrt es uns jedenfalls die westliche Erzähltradition. Doch es gibt da ein Gegenbeispiel.

Die Evolutionsbiologin Lynn Margulis stapft 1993 barfuß mit aufgekrempelter Hose und Taschenmesser in der Hand im seichten Wasser des Ebro-Deltas an der spanischen Ostküste umher (es gibt ein Video davon[1]). Das Küstenökosystem dort zeugt noch heute vom Archaikum vor etwa drei Milliarden Jahren, Bakterien waren damals die einzige Lebensform auf der Erde. An geeigneter Stelle löst Margulis ein handtellergroßes, glitschiges Stück aus einer solchen »Mikrobenmatte« heraus, eine geleeartig-schleimigen Masse aus Algen und Bakterien, und zeigt es in die Kamera. »Für Sie sieht das wahrscheinlich schrecklich aus«, scherzt sie mit dem anwesenden Reporter, »wie Erbrochenes oder etwas in der Richtung.«[2]

Margulis, die 2011 73-jährig verstarb, war eine brillante Wissenschaftlerin und Wissenschaftskommunikatorin, Mutter und Universitätsprofessorin. Eine ihrer zentralen Erkenntnisse war, dass die Symbiose als evolutionäres Wirkprinzip eigentlich ähnlich große Bedeutung erfahren müsste wie die natürliche Selektion (oft zusammengefasst als *survival of the fittest*) – das aber nicht tut. Warum nicht?

Im Ebro-Delta 1993 erklärt Margulis, dass das Zusammenwirken dieser bedeutungslos scheinenden, winzigen Lebewesen unseren Planeten vor Jahrmilliarden erst lebenswert machte, indem sie als erste Photosynthese betrieben. »Wir nennen es den planetarischen Petticoat, das Unterkleid der Erde«[3], sagt Margulis, während die glitschige Masse in ihrer Hand tropft. Die darin enthaltenen Cyanobakterien seien die »Meister der Welt, das ist die höchste Stufe der Evolution«. Warum? »Sie leben von Kohlendioxid, das im Überfluss vorhanden ist. Sie leben vom Sonnenlicht als Energiequelle. Und von Wasser. Und das ist alles.«[4]

Sie können also überall hin, überall wo es Wasser gibt. »Wohin sie auch kommen, überall bilden sie Sauerstoffblasen. So verändern sie die Welt.«[5] Sie haben uns atmenden Wesen das Leben überhaupt erst ermöglicht. Nicht wir Menschen, nein, »sie regieren den Planeten«. Auch weil sie viel mehr erschaffen als wir: Wenn wir ihnen zuhören oder sie beobachten würden, so Margulis, würden wir bemerken, dass wir Dinge nicht einfach »wegwerfen« können, sondern dass alles ein Kreislauf ist, dass alles auch auf uns zurückfällt. Das Leben funktioniere nur zyklisch, in Kreisläufen. Diese Bakterien haben dieses Problem gelöst und nähren mit ihrem Abfall andere Lebensformen. »Die Menschen haben dieses Problem nicht gelöst. Die Menschen ruinieren ihre Umwelt. Diese Bakterien schaffen eine Umwelt, die lebenswert ist. Ich denke also, wir können viel von ihnen lernen.«[6], sagt Margulis.

Auch oder besser gesagt: gerade Bakteriengemeinschaften verändern also die Welt. Dabei entsprechen sie so überhaupt nicht dem Bild, das wir von typischen Held:innen haben. Im Lehrbuch für klassisches journalistisches Storytelling von Marie Lampert und Rolf Wespe gibt es Hinweise, wie sich ein:e »richtige:r« Protagonist:in finden lässt:

> »Checkliste:
> Wer hat/hatte mit dem Thema hautnah zu tun?
> Wer ermöglicht einen bisher unbekannten Blick aufs Thema?
> Wer kann und will darüber sprechen?
> Hat er oder sie eine Entwicklung durchlaufen?
> Ist ein Treffen am Schauplatz/am Ort machbar?
> Mit wem können sich Leser identifizieren?
> Wer kann notwendige Sachinformationen verständlich darstellen?«[7]

Wenngleich das sehr hilfreiche und gute Hinweise für das Finden möglicher Protagonist:innen sind, möchte ich davor noch einen Schritt zurücktreten und fragen: Welches Bild eines Helden oder einer Held:in haben wir *bereits im Kopf*, wenn wir uns zu Beginn einer Recherche Fragen wie die oben genannten stellen? Würden wir die Mikrobenmatte, die, wenn eine:r will, auch Antworten auf alle Fragen der Checkliste oben gäbe (oder die Biolog:innen für sie geben könnten), als Held:in durchgehen lassen?

In diesem Kapitel möchte ich erkunden, wie wir das Panoptikum von Protagonist:innen erweitern könnten, um neben Held:innen, deren Geschichten durch den Held:innenmythos vorgezeichnet und etwas langweilig sind, weil sie potenziell Klischees verstärken, auch andere Figuren gelten zu lassen, die Geschichten »tragen« können. Es müssen ja nicht gleich Margulis' Cyanobakterien sein, aber es könnten viel öfter Aasfresser:innen oder Faulenzer:innen, wandelbare Politiker:innen oder unkonventionelle Rapper:innen sein. Denn, ja: Es braucht Einzelbeispiele, anhand deren Charaktere, Lebenswege oder Argumentationslinien Zusammenhänge (im Sinne eines ökologischen Erzählens) begreifbar werden. Aber gleichzeitig braucht es das Bewusstsein derer, die diese Einzelbeispiele auswählen, für die »Gefahr der einen einzigen Geschichte«, wie Chimamanda Ngozi Adichie sie nennt, und deshalb braucht es auch andere Vorbilder als bloß die der Held:innen. Welche typischen Held:innen-Eigenschaften ließen sich zerlegen, hinterfragen, konterkarieren, wie es jetzt schon einzelne Figuren tun?

Wie Columbo: Ermitteln ohne Pathos

»Moment, eine Frage hätte ich da noch«: Dem TV-Publikum bekannt ist Inspektor Columbo vor allem durch diese Wendung. Der tollpatschig wirkende Fernsehinspektor im zerknautschten Staubmantel, gespielt von Peter Falk, entwickelte sich in der zweiten Hälfte des 20. Jahrhunderts, der Hochzeit des linearen Fernsehens, zu einer legendären Figur des Haupt- oder Spätabends. Dabei ist er so völlig anders als andere TV-Kommissar:innen: Über weite Strecken gibt er sich orientierungs-, harm- und ahnungslos, ermittelt zwar häufig in gehobeneren Schichten, unter den Reichen und Schönen, ist selbst aber bescheiden, tapsig, unordentlich, manchmal beinahe ungepflegt. Understatement zeichnet ihn aus. Gleichzeitig bleibt er fast immer gelassen. Columbo fehlt etwas, ohne das viele TV-Kommissar:innen (und damit: Held:innen) nicht auskommen: Pathos.

Dabei ist der normalerweise Garant für Reichweite. »Mit bebendem Tremolo und zeternder Stimme, absurden Metaphern und Stakkato-Interpunktion muss das eigene Drama möglichst breitenwirksam zur Geltung kommen. Schließlich ist alles eine Frage der richtigen Inszenierung«[8], charakterisiert die österreichische Journalistin Solmaz Khorsand das Phänomen *Pathos*, mit dem sie sich für ihr gleichnamiges Buch auseinandergestzt hat.

Columbo hingegen, wesentlich geprägt von Darsteller Falk, macht sich vorsätzlich lächerlich, findet Ausgänge nicht, stellt sich selbst als jemanden mit langsamem Verstand dar usw. Dabei bleibt er immer sympathisch-freundlich, verbindlich und kommt in jeder Folge ans Ziel, das heißt: Er überführt stets den/die Mörder:in, manchmal dann eiskalt. Das hat er mit Held:innen gemeinsam. Aber gleichzeitig ist er frei von übertriebenem Stolz (außer vielleicht auf seine italienische Herkunft). Und er verweigert zwei eigentlich »typisch männliche« Domänen: Er ist ein schlechter Autofahrer und ein schlechter Schütze bzw. entzieht sich wann immer möglich dem Schusswaffengebrauch, selbst zu dienstlichen Übungszwecken.

Was Columbo zu einem journalistischen oder recherchierenden Vorbild in mehrfacher Hinsicht macht – auf eine Art ermitteln wir als Journalist:innen ja auch –, dazu zähle ich folgende Eigenschaften:

- Er ist stets erpicht darauf, etwas über den Kontext, die Branche, das Milieu herauszufinden, in dem sich Täter:in und Opfer beweg(t)en. Er isst in der Ausspeisung, wird zum Weinkenner, beschäftigt sich mit psychologischen Beeinflussungsmethoden, liest sich durch ganze Lebenswerke, wenn der Fall es erfordert. Er scheut weder Arbeit noch Mühsal oder Unbill, bildet sich fort oder setzt sich leiblichen Erfahrungen aus, die relevant sein könnten, um der Aufklärung näher zu kommen. Er recherchiert oft bei »einfachen Leuten«, Handwerker:innen (häufig dargestellt im Kontrast zu den »besser gestellten« Täter:innen) oder spricht mit involvierten Kindern, denen er dabei äußerst respektvoll und wertschätzend begegnet.
- Columbo stellt Fragen, hört aufmerksam zu – auch, weil die meisten Täter:innen sich durch eigene Aussagen selbst entlarven. Er macht keine

Ansagen – die behält er für sich. Er geht oft unbedeutend scheinenden Spuren nach, weil seine »Spürnase«, seine Erfahrung es ihm sagt.
- Er gibt zu verstehen, dass Täterschaft ein Spektrum ist. Seine Fälle sind keine Schwarz-Weiß-Schablonen. Manchmal zeigt er Empathie oder Verständnis Täter:innen gegenüber. Und auch er selbst arbeitet immer wieder mit unlauteren Mitteln oder Tricks, um die oder den Schuldige:n zu überführen. Das vermittelt Zuseher:innen auch: Die Welt ist komplexer als nur Schwarz und Weiß; jeder Fall ist einzigartig.

Und Columbo suggeriert auch: Die Geschichte des Suchens ist wichtiger und interessanter als das Finden selbst. Der oder die Täter:in und deren Motiv ist praktisch in allen Folgen der Serie von Anfang an – meist noch bevor der Kommissar die Bühne betritt – bekannt. Zehn Staffeln ließen sich damit füllen.

Daran könnten auch wir Journalist:innen uns ein Beispiel nehmen: weniger uns mit den gelieferten Erkenntnissen selbst auf die Schulter klopfen, sondern Wege nachvollziehbar machen, Zusammenhänge aufdröseln. Denn manchmal scheinen wir uns Berichterstatter:innen selbst wie Held:innen zu fühlen, die Recherche als Held:innenreise zu empfinden – insbesondere, wenn die Geschichte von Journalist:innen aus der selbsterfahrenden Ich-Perspektive geschrieben ist. Und das Pathos liegt dann auch verführerisch nah. Aber: Wer will schon Texte lesen, geschweige denn schreiben, denen eine:r die Allüren der Autor:in anliest? Khorsand fragt in diesem Zusammenhang:

> »Wessen Pathos macht Geschichte? […] Wer den Anspruch hat, die Menschheit als Norm zu repräsentieren – und sei diese Norm noch so fiktiv und imaginiert –, hat auch den Anspruch, seine Krise als eine Krise der gesamten Menschheit zu postulieren. ›Das Privileg der Krise‹, nennt es die Anglistin Elahe Hashemi Yekani in ihrer gleichnamigen Doktorarbeit. Als Ausdruck einer weißen hegemonialen Männlichkeit, die permanent durch Sprache, Ästhetik, Narrative und Diskurse (re)konstruiert wird, hat sich auch die Krise des weißen Mannes als einzig ernst zu nehmende etabliert. Zwar würden sich auch andere Gruppen im Krisen-Narrativ versuchen, doch seien ihre Krisen am Ende des Tages ›nur‹ Partikularkrisen, die nur sie betreffen, nicht die Allgemeinheit.«[9]

Umso höher ist es Columbo anzurechnen, dass er derart frei von Pathos ist.

Sich Erwartungen entziehen: *Borgen*, Esra Özmen & der Idler

Eine andere typische Eigenschaft der Held:innen ist ihr Sieger:innentum, dass sie also am Ende des Stück Weges, das wir sie begleiten, siegreich sind. Sie kommen ans Ziel, gewinnen und die Geschichte ist damit auserzählt – oder aber sie enden (sterben) kurz nach dem Sieg tragisch. Nur wenige halten dabei die Zuseher:innen bei der Stange *und* bleiben glaubwürdig, wenn die Storyline wider Erwarten nach dem Sieg doch weiterführt. Als pure Held:innen sind diese Figuren jedenfalls nicht mehr zu bezeichnen.

Dennoch geben sie fantastische Protagonist*innen her, etwa in der dänischen Serie *Borgen* (der Titel bezeichnet dänisch-umgangssprachlich den Parlamentssitz in Kopenhagen) in ihrer vorläufig letzten Staffel 2022. In dieser vierten Staffel ist Birgitte Nyborg (dargestellt von Sidse Babett Knudsen) eine Politikerin in den Wechseljahren, dänische Außenministerin; in vorherigen Staffeln war sie auch Premierministerin gewesen. Eine Brustkrebserkrankung in Staffel drei hat sie erfolgreich überstanden, ihr Mentor Bent Sejrø bezeichnet sie, die Parteien und Regierungen gegründet hat, als »den mutigsten Menschen, den ich kenne«. Getrennt vom Vater ihrer nun erwachsenen Kinder, lebt sie allein und genießt daran zwar die Möglichkeit, bei 19-Stunden-Arbeitstagen auf den vereinnahmenden Job fokussieren zu können, fühlt sich tatsächlich aber einsam. So sitzt sie etwa nach einem politisch extrem fordernden Tag, an dem sie abends noch mit einem Annäherungsversuch bei einem jüngeren Mitarbeiter abgeblitzt ist und deutlich zu viel Weißwein getrunken hat, am Boden ihres Büros und übergibt sich in den Papierkorb.

In dieser Staffel vier ist Nyborg mit gigantischen Ölfunden auf Grönland konfrontiert, ein Konflikt zwischen Klima- und Energiekrise, Identitätspolitik und nationalen Wirtschaftsinteressen bricht auf. Sie wankt – immer stärker von Opportunismus und Geltungsdrang, von Machtgier getrieben und weniger ihrem Gewissen verpflichtet – zwischen den möglichen Standpunkten: 180-Grad-Wende in der Klimapolitik, erst ist sie gegen die Förderung des Öls, dann, um jedenfalls an der Macht zu bleiben, doch dafür. Bemerkenswert ist dabei die Darstellung von Nyborgs Vielschichtigkeit, ohne die Authentizität der Figur zu verlieren. Im einen Moment vergreift sie sich ihrem Staatssekretär gegenüber im Ton, im nächsten macht sie sich über sich selbst lustig.

Gegen Ende der Staffel schon recht unsympathisch wirkend, gesteht Nyborg sich ein, dass sie sich selbst nicht treu geblieben ist. Im Finale tritt sie überraschend als Außenministerin zurück, vordergründig, um sich vorübergehend auszurasten und der Familie zu widmen (die, in aller gewachsener Patchwork-Pracht, auch zum Abschied aus der Öffentlichkeit gekommen ist). Im Hintergrund zieht sie derweil schon wieder die Fäden, um als dänische EU-Kommissarin nominiert zu werden. Die Schlussszene der Staffel ist aber der Rücktritt. Nyborg ist damit weder Siegerin, noch eine Verliererin, die ins Bodenlose fällt. Vielleicht wird's ja doch Brüssel.

Mit ihr wird – wider allen Populismus' – klar: Nyborg erfüllt nicht die Erwartungen (des Publikums). Sie ist warmherzig und gleichzeitig berechnend. Sie steigt für den Moment nicht weiter auf der Karriereleiter auf, bleibt aber unberechenbar. Sie folgt nicht der vorgezeichneten Held:innenreise, ist aber dennoch unfassbar interessant.

***

Eine reale Person, die sich Erwartungen entzieht, ist die Künstlerin Esra Özmen. In einer Zeitungsrubrik, in der Personen des öffentlichen Lebens ihre oft protzigen Wohnsitze herzeigen, öffnet Özmen auch ihr Heim, eine 35-Quadratmeter-Wohnung im Wiener Gemeindebau, äußerst minimalistisch und improvisiert eingerichtet; Bügelbrett und Stehleiter dienen, wie die Fotos zeigen, auch als Regale. »Meine Großeltern in Izmit waren Nomaden, so wie all die Generationen davor. Und auch, wenn wir die Ersten waren, die sich sesshaft gemacht haben, so sind wir im Herzen doch Nomaden geblieben«, erzählt sie. Und weiter:

> »Ich kann von meiner Musik mittlerweile gut leben, ich könnte mir wahrscheinlich eine schöne Küche und einen hochwertigen Schrank aus Vollholz leisten. Ich weiß nur nicht, ob ich das will. Ich bin gut im kreativen Umgang mit Mangel und Knappheit, das ist das, was ich gelernt habe, das ist das, was mir Spaß macht. Ich genieße mein abgefucktes Leben. [...] Ich weiß nicht, ob

ich heute schon wissen möchte, wer ich in fünf oder zehn Jahren sein werde, geschweige denn, wie und wo ich wohnen werde. So wie auch meine Kunst immer nur eine Momentaufnahme ist, so ist auch dieses Wohnen hier nur ein Screenshot der heutigen Esra. Nichts ist jemals fertig – nicht die Musik, nicht die Kleidung, nicht die Wohnung, nicht der Alltag und schon gar nicht der Mensch«[10],

erteilt Özmen dem Held:innenmythos mit Happy End die ultimative Absage. Sie studierte an der Wiener Akademie der bildenden Künste und bildet gemeinsam mit ihrem Bruder Enes das Duo EsRap. 2020 und 2021 kuratierte sie das Wiener Popfest. In einem Interview sagt Özmen 2020 über sich, dass sie, obwohl sie in Österreich geboren ist, der Rassismus hier zur Ausländerin mache: »Man ist nie genug integriert. Wenn man Deutsch kann, ist es das Kopftuch. Wenn man kein Kopftuch trägt, ist es der Akzent. Wenn man einen Uni-Abschluss hat, ist es der Name. Es bestimmen immer andere, ob ich nun gut genug integriert bin.«[11]

Sie setze ihre eigenen Standards: »Ich selbst lebe offen und ehrlich aus, was ich für mich als Frausein empfinde. Ich nehme mir Raum, ich trage große Jacken, ich bin laut. Damit spreche ich Türken an und auch Österreicher.« Özmen fände es gut, »wenn Feminismus schon in der Volksschule Thema« wäre. Sie ist selbst gläubige Muslimin, der Fokus auf das Kopftuchtragen in Debatten um den Islam sei allerdings daneben: »Das sind weiße Männer, die über die Rechte von Frauen reden, die sie sonst bei jeder Gelegenheit abwerten – ist das glaubwürdig? Meine Mutter trägt Kopftuch, und sie ist die stärkste Frau überhaupt.«[12]

***

Einen ganz anderen Archetypus als die bisher genannten, der sich dabei auch den Erwartungen an Held:innen und Sieger:innen radikal widersetzt, charakterisierte der Autor Tom Hodgkinson in seinem Buch *How to Be Idle* 2004: den *idler*, ein:e Faulenzer:in oder Müßiggänger:in. Das Idler-Magazin (und damit quasi eine Bewegung) gründete er schon 1993, es erscheint nach wie vor. Es gehe ihm bei seinem Einsatz fürs Faulenzen – und ein Funken bissig-britischen Humors glüht in jedem seiner Sätze – darum, »die Faulheit zu feiern und die westliche Arbeitsmoral zu attackieren, die so viele von uns noch immer versklavt, demoralisiert und deprimiert«. Sein Zugang:

> »Müßiggang bedeutet Freiheit, und damit meine ich nicht die Freiheit, zwischen McDonald's und Burger King, zwischen Volvo und Saab zu wählen. Ich meine die Freiheit, das Leben so zu führen, wie wir es wollen, frei von Vorgesetzten, Wochenlöhnen, Berufsverkehr, Konsum und Schulden. Müßiggang bedeutet Spaß, Vergnügen, Freude.«[13]

Stattdessen gibt Hodgkinson für jede Stunde des Tages (und der Nacht) kleine Anregungen zum Müßiggang: um 10 Uhr vormittags ist es beispielsweise das Ausschlafen, um 11 Uhr das Sich-für-eine-Pause-Verdrücken, um 15 Uhr das Nachmittagsnickerchen und so weiter. Der Ober-Faulenzer sagt:

> »Meine Theorie ist, dass die Welt in zwei Typen unterteilt ist: die Müßiggänger und die Anti-Müßiggänger. Die Anti-Müßiggänger taufe ich hiermit ›Plagegeister‹. Plagegeister sind Leute, die es einfach nicht lassen können, sich ins Leben anderer Leute einzumischen. Ihnen fehlt Fantasie, sie glauben an harte Arbeit, Ausbeutung und Heuchelei und geben perfekte Politiker, Bürokraten und Bonzen ab. […] ›Etwas muss getan werden!‹, ist ihr Motto.«[14]

Das Schlimmste an den Plagegeistern sei dabei, dass sie nicht nur ständig selbst aktiv sein müssten, nein, sie versuchten auch noch die armen Müßiggänger für ihre Zwecke einzuspannen. Die idler hingegen seien diejenigen, die aus dem Hamsterrad auch einmal aussteigen, einen Schritt zurücktreten und mit neuer Perspektive auf die Welt blicken. Anstatt verändern zu wollen, wie die anderen leben, legen sie den Fokus darauf, ihre eigenen Leben zu transformieren. Und wenngleich Hodgkinson, – der mittlerweile sogar eine Idler-Akademie betreibt, in der es ähnlich einer Volkshochschule unzählige Kursangebote online und offline gibt –, sich damit ein bisschen selbst widerspricht, hat er doch einen Punkt, jedenfalls wenn wir an all die vermeintlich tatkräftigen Held:innen denken: Er stellt mit seinem Müßiggang-Engagement das Leistungsprinzip auf den Kopf.

Multitudes: Eine:r ist viele

Jede:r von uns ist geschichtet, jede:r von uns hat viele Gesichter. Wir sind irgendjemandes Urenkel und haben Paten-, Hunde- oder Enkelkinder. Wir sind für die Zecke ein oder eine Wirt:in und stehen gerade vielleicht selbst an der Theke. Selbst die beste Witzeerzählerin verrät einmal eine Pointe und selbst die schlechteste Zuhörerin gibt einmal eine empathische Antwort.

Jede:r von uns ist viele. Das darzustellen gelingt einigen Künstler:innen besonders gut, im Musikalischen etwa Leslie Feist: Die Singer-Songwriterin verwendet auf ihren Konzerten ein Loop-Pedal, mit dem sie Sequenzen ihrer Gitarre, ihres Gesangs live auf der Bühne aufnimmt und gleich wieder abspielt, ihre Stimme so mit der eigenen überlagert, Rhythmen und Melodien übereinanderschichtet. So entstehen vor den Augen und Ohren des Publikums mehrstimmige, vielstimmige Arrangements. Auf ihrem Album *Multitudes* (2023) ist diese Vielstimmigkeit auch inhaltlich zum Programm geworden: »Another way to be alone is / be the lake you throw the stone in«, heißt es etwa im Song *Forever before.*

Die Schiftstellerin Sharon Dodua Otoo erzählt in ihrem Roman *Adas Raum* die Leben von vier Frauen unterschiedlicher Zeiten. Sie alle sind dabei Ada, sie sind auf einer vorerst verborgenen Bewusstseinsebene miteinander verbunden: 1459 Ada im westafrikanischen Totope, heutiges Ghana, die ihr Kind bestattet; die Mathematikerin Ada im London des Jahres 1848; Ada als Zwangsprostituierte 1945 in einem deutschen KZ und die schwangere Ada 2019 auf Wohnungssuche in Berlin. An dieser (vorläufig?) letzten Station legt sie sich bei einer Besichtigung gegen Ende des Buches mit dem guten Gefühl, hier endlich richtig zu sein, in einem leeren Zimmer, beleuchtet nur von einer flackernden Kerze, erschöpft auf die Dielen:

> »Sie legte sich auf den Boden, erst auf die Seite, dann rollte sie auf den Rücken, damit sie die Sterne bewundern konnte. Der Boden hielt sie, er hatte nicht zu viel versprochen. Fest und sicher fühlte er sich an, ein Boden für alle Zeiten. Vertieft in ihre Gedanken, merkte sie nicht, dass sie nicht mehr alleine war.«[15]

Mit dem Besitzer der ersehnten Wohnung, auch er ein Stellvertreter gleich mehrerer von Adas Widersachern aus den verschiedenen Zeitaltern, kommt es zu einer jahrhunderteüberspannenden Aussprache, zu einem epochalen Showdown.

Ob Ada oder Columbo, ob Lynn Margulis oder Esra Özmen: Es gibt neben den allzu typischen Held:innen noch unendlich viele vielschichtige Figuren zu entdecken. Jede:r von ihnen kann auch zum Vorbild, zum *role model* werden. Auch weil sie uns viel näher stehen als abgehobene Held:innen. Eine jener Frauen, die in ihrer beruflichen Selbstbestimmung und in ihrer Professionalität wichtige Inspiration für mich war, ein *role model*, ist die Buchgestalterin, Grafikerin und Künstlerin Gabriele Lenz. »Gute Typographie macht keine Geräusche beim Lesen«, ist einer ihrer gestalterischen Grundsätze, ein Zitat des Grafikdesigners Otl Aicher. Auch sie erzählt Geschichten, nicht im Inhalt, aber in der Art ihrer Gestaltung, mittels Schrift, mittels Buchdesigns, mittels Leitsysteme. Sie tut das bedächtig, stilvoll, klug und übrigens auch völlig frei von Pathos. Funktionalität und Ästhetik müssen in ihren Werken unbedingt zusammenkommen.

Auch Lenz selbst sei von *role models* inspiriert worden, habe etwa von ihrer Mutter, einer Maßschneiderin, vorgelebt bekommen, dass es ganz selbstverständlich Frauen sein können, die »über einen langen Zeitraum den Großteil des Familieneinkommens verdienen«, sagte sie in ihrer Dankesrede anlässlich der Verleihung des Österreichischen Ehrenkreuzes für Wissenschaft und Kunst im Oktober 2023:

> »Das Wichtigste – meiner Einschätzung nach – sind *role models*, um dieses Wort zu gebrauchen, in diesem Fall Frauen, die vorleben, die ihren Weg gehen, die inspirieren und wenn nötig Mut machen. So habe ich das jedenfalls in meinem Umfeld erlebt und das große Veränderungspotenzial dieses ›Vorlebens‹ gesehen. [...] Und als Vorleberin stehe ich eigentlich am liebsten hier.«

Als Geschichtenerzähler:innen müssen wir uns bewusst sein, dass wir unseren Leser:innen und Rezipient:innen nicht nur in den erzählten Geschichten Vorbilder präsentieren, sondern in uns auch das Potenzial wohnt, mit unseren eigenen Lebensentwürfen den einen etwas nach- und anderen etwas vorzuleben.

Kapitel 8

Sich mit anderem verwandt machen

Und es dabei es selbst bleiben lassen

»In jenem Sommer vergaß ich ganz, dass Luchs ein Hund war und ich ein Mensch. Ich wusste es, aber es hatte jede trennende Bedeutung verloren.«

Marlen Haushofer, Die Wand

Eine Minute und zwölf Sekunden dauert die Aufnahme. Erst ist ein Schmatzen zu hören, dann ein Schnaufen, tiefe ruhige Atemzüge und im Hintergrund ein Quengeln, die unruhige Stimme eines Jungtieres.[1]

So klingt es im »Wohnzimmer« einer Biberburg. Fabian Holzinger, Musiker und Sounddesigner aus Linz – und als solcher unter dem Pseudonym Abby Lee Tee tätig –, arbeitet viel mit sogenannten *field recordings*: Aufnahmen aus dem Feld, im Prinzip also mit Geräuschen, die er in seine Stücke einbaut oder die schon das Stück selbst sind. Und eben auch mit Geräuschen, die von Tieren stammen. Insbesondere die Biber haben es ihm angetan: »Als ich zum ersten Mal solche Geräusche aufgenommen habe, war das auf vielen Ebenen absurd«, einerseits, weil all das so vertraut klang, andererseits, weil es kein Bild zum Ton gab. Aber auch, weil es die Privatsphäre der Biber war, in die er eindrang.[2]

Das ist auf diese Art und Weise möglich: Biberburgen sind aus Ästen, Stöcken und Wurzeln zusammengetragene Bauten im oder am Gewässer, befestigt mit Schlamm. Gleichzeitig graben und nagen die Biber von innen eine Schlafhöhle frei. Die Zugänge zu ihr liegen praktisch immer unter Wasser. Deshalb führt aus der Höhle ein Luftloch, mit etwa einem Zentimeter Durchmesser, hinaus ins Freie. Durch dieses Luftloch bringt Holzinger ein Mikrophon auf einem langen Stöckchen in die Schlafhöhle der Tiere ein.

Wie er darauf gekommen ist? »Ein jahrelanger Lern- und Kennenlern-Prozess – und ein brutaler Lauschangriff«, sagt Holzinger schmunzelnd.

Biber seien uns Menschen sehr ähnlich: »Sie sind sesshaft, haben ihr fixes Territorium, in dem sie leben, ihre Familie und wollen einen sicheren, trockenen, gemütlichen Platz«, sagt Holzinger. Außerdem passen die reinen Pflanzenfresser ganz wie wir ihre Umgebung gerne an ihre Bedürfnisse an, was ihnen den Beinamen der »Ökosystem-Ingenieure« einbringt. Wird tierisches Verhalten in solcher Art neben menschliches gestellt, kommt immer wieder die Kritik auf, so ein Vorgehen sei Anthropomorphismus, also eine Vermenschlichung. Holzinger: »Dabei geht es ums Zugestehen von Eigenschaften, die wir Menschen zufällig auch haben.« Aus unserem Lebendigsein heraus können wir auf das Lebendigsein anderer schließen. Wenn die kleinen Biber quengeln, dann tun sie das vielleicht gar nicht so nach Menschen-, sondern einfach nach Säugetierart?

Holzinger jedenfalls macht mit seiner akustischen Praxis Familiengespräche in der Biberburg für alle hörbar. Damit hat er etwas ergründet, was noch niemand zuvor getan hat.

Auch als Journalist:innen oder Autor:innen sehen wir uns manchmal als solche Entdecker:innen, als Aufdecker:innen, als diejenigen, die mit Vergnügen Terra incognita betreten, wir dürfen Filme vor dem Kinostart sehen, werden auf Pressereisen eingeladen, erfahren in politischen Hintergrundgesprächen Neuigkeiten zuallererst. In den Erzählungen und Berichten darüber nehmen wir uns dann heraus, dieses Neue, Unbekannte, Fremde zu vereinnahmen, sofort eine Meinung dazu zu haben, es zu deuten – obwohl wir es vielleicht nur flüchtig kennengelernt, nur einen kurzen Blick während eines vorbereiteten Medientermins darauf geworfen haben.

Holzinger macht das nicht. Er verbringt seit 2020 mehrmals die Woche drei bis vier Stunden am Donauufer und an anderen Locations bei einer Handvoll Biberfamilien. Ihm ist wichtig zu betonen, dass er sich viel theoretisches und praktisches Wissen über die Biber angeeignet hat, aber dennoch könne er sich immer nur annähern. Und die Tiere, ihre Individualität, ihre Beziehungen innerhalb des Ökosystems überraschen ihn immer wieder aufs Neue.

Oft ist zu hören, wir müssten ein neues Verständnis von und Verhältnis zu unserer Umwelt, zu Pflanzen und Tieren[3] entwickeln – ein Verhältnis auf Augenhöhe. Dass wir uns eher als Rädchen in einem planetaren ökologischen Gefüge sehen, weniger als diejenigen, die eine Herrschaft über die Natur ausüben. In Ökosystemen, von denen wir auch als »Kulturwesen« immer abhängig bleiben, wirken schließlich unfassbar viele Aktivitäten auf verschiedensten Ebenen zusammen, Tauschprozesse zwischen den winzigsten Lebewesen und flüchtigsten Elementen, Beziehungen in Ökosystemen wie Meer, Wald oder Stadt.

Das Überschreiten von zwei Drittel der bekannten planetaren Grenzen könnte uns den Spiegel vorhalten. Da die traditionelle Vorgehensweise von Berichterstattung und Informationsvermittlung also offensichtlich nicht ausreicht, uns das Anthropozän begreiflich zu machen: Was, wenn wir versuchten, uns ein bisschen mehr an Holzingers Methode zu orientieren? Eine Annäherung, die sich verwandt macht, aber gleichzeitig nicht vereinnahmt? Ein ökologisches Erzählen in alle Richtungen – nicht nur explorativ, mit offenem Ausgang, sondern auch respektvoll nichtmenschlichen Lebewesen gegenüber – zu versuchen?

Auch hier liegen beiden Zugängen – dem dominanten wie dem egalitären – Geschichten, Mythen zugrunde. Und schließlich »ist [es] von Gewicht, welche Geschichten Geschichten erzählen«[4]: Einerseits nehmen wir (in der westlichen Welt) den Auftrag Gottes an die Menschen aus dem Alten Testament wahr, wo es heißt: »Seid fruchtbar und mehrt euch, füllt die Erde und unterwerft sie und waltet über die Fische des Meeres, über die Vögel des Himmels und über alle Tiere, die auf der Erde kriechen!«[5] Der Mensch steht als »Krone der Schöpfung« bzw. wahlweise auch an der Spitze der evolutionsbiologischen Entwicklungsgeschichte da.

Andererseits gibt es da auch mindestens eine alternative Sichtweise oder Lesart der Beziehungen zwischen den Spezies, zwischen Pflanzen, Tieren und Menschen:

> »In der indigenen Weisheit [...] werden die Menschen oft als ›kleine Brüder der Schöpfung‹ bezeichnet. Wir sagen, die Menschen haben am wenigsten Erfahrung mit dem Leben und müssen daher am meisten lernen – wir müssen uns nach den Lehrern unter den anderen Lebewesen umsehen und uns von ihnen leiten lassen. [...] Sie sind schon länger auf der Erde als wir, sie hatten schon Zeit, zu verstehen.«[6]

Pflanzen etwa wissen, wie sie aus praktisch nichts – aus Licht und Wasser –, Nahrung und Medizin für sich herstellen können, schreibt Kimmerer[7]. An Land gibt es Pflanzen seit etwa 500 Millionen Jahren. Der älteste menschenähnliche Vorfahre, *Australopithecus afarensis,* trat vor etwa 4 Millionen Jahren auf.[8] Biber wiederum sind eine sehr alte Säugetierart, sie gibt es seit etwa 20 Millionen Jahren[9] auf dem Planeten. Was könnten sie uns an Wissen voraushaben, wären wir ihre kleinen Geschwister? Was ist ihre Aufgabe im Ökosystem?

Hilfe beim Renaturieren: Die Weisheit der Biber

Flüsse, wie wir sie heute kennen, flott in einem befestigten Flussbett dahinfließend, gibt es erst, seit wir sie derart eingehegt und verbaut haben, in Österreich vor allem seit den 1950er-Jahren.[10] Davor hatte jeder Flusslauf – je nach Untergrund und dessen Oberflächenbeschaffenheit – einmal schneller geradeaus fließende, einmal verschlungenere, langsam fließende Passagen und war von Auen begleitet, breiten Ufern und natürlichen Retentionsflächen, die regelmäßig überschwemmt wurden und dort Hochwasser abfingen. So existierten viele Lebensräume, viele ökologische Nischen nebeneinander. In allen hatten sich Lebensgemeinschaften aus Pflanzen und Tieren, Pilzen und Bakterien eingenistet. Bis wir diese Fließgewässer »regulierten«, damit wir auch die fruchtbaren Überlaufflächen für unsere Zwecke nutzen können, mehr Siedlungsraum zur Verfügung haben.

Heute gehen wir vom »Regulieren« wieder weg in Richtung »Renaturieren«.[11] Biber können dabei fleißige Helfer sein: Sie fällen Bäume, bauen Dämme, verlangsamen dadurch die Fließgeschwindigkeit von Flüssen und Bächen, wodurch sich Sedimente ablagern können, die Ufervegetation zu wachsen beginnt und Kohlenstoff gelagert wird – ein positiver Effekt im Sinne des Klimaschutzes. Biber verändern dabei allerdings ganze Flussläufe und stellen Feuchtgebiete (wieder) her.

Kaum eine:r setze etwa die Wasser-Rahmenrichtlinie der EU[12] so konsequent um, wie der Biber, wird aus einem Naturschutzgebiet östlich von Berlin berichtet, aus Obersdorf, Brandenburg – und das ganz ohne Geld oder aufwendige Gutachten.[13] Bedrohte Tierarten siedeln sich in seinem Fahrwasser wieder an, Bodenerosion werde gestoppt und – in einem der niederschlagsärmsten Gebieten Deutschlands besonders wichtig – die Wasserspeicherfähigkeit des Bodens werde deutlich erhöht. Biberdämme speichern Millionen Liter Wasser.[14] Der Wandel, der sich durch mehr Biber entlang einzelner Flussläufe vollzieht, ist laut NASA selbst vom Weltall aus erkennbar, wie eine Studie im US-Bundesstaat Idaho zeigt: in deren Wiederbegrünung.[15] Idaho ist immer wieder auch von Dürre und Waldbränden betroffen.[16]

Ganz so wie das sympathische Baumarktmaskottchen, als das der Biber auch auftritt, stetig werkt, sagt Holzinger: »Sie sind immer fleißig am Bauen.« Doch den Menschen ist das gar nicht immer recht. »Der Hoppachbach bei Eltendorf ist normalerweise ein kleines Rinnsal. Auf aktuellen Luftaufnahmen erinnert er allerdings fast schon an einen kleinen Seitenarm des Amazonas«[17], heißt es etwa in einem Artikel auf der Online-Plattform des Österreichischen Rundfunks ORF im Herbst 2023. »Schuld daran«[18] sei ein Biberdamm, der das Wasser des Baches über 500 Meter aufstaue und zu Schäden an einem Feldweg und einer Brücke geführt habe – ein tiefes Loch ist am Wegrand entstanden, wie Fotos zeigen. Im Artikel kommt der örtliche Bürgermeister zu Wort, der mehrfach von »dem Biberproblem« spricht, das »nachhaltig gelöst« werden soll.[19] Als Leser:in bekommt eine:r den Eindruck: Der Biber muss weg.

Treten wir einen Schritt zurück: Was richten die Biber hier an? Sie untergraben einen Feldweg, doch offenbar nicht weiträumig, das Loch in der Straße konnte »provisorisch gestopft« werden, heißt es im zitierten Bericht. Handelte es sich um eine Bundesstraße, die hier beschädigt wurde, bestünde selbstverständlich Handlungsbedarf. Doch auf einem Feldweg? Wäre eine Rücksichtnahme auf die Nager, z. B. mittels punktueller Geschwindigkeitsbeschränkung oder Hinweisschild, im Sinne der Biodiversität nicht tolerierbar?

Fabian Holzinger kennt solche Feindseligkeiten dem Biber gegenüber. »Die Menschen haben überhaupt keine Beziehung zu diesen Tieren«, sagt er, »woher auch, sie waren die vergangenen 120, 130 Jahre in unseren Breiten ausgerottet.« Da sie im Wasser leben, galten sie früher – wie Fische – als Fastenspeise. Außerdem jagten die Menschen sie wegen ihres Fells und des medizinisch genutzten Bibergeils, ein Sekret, das dem Biber zur Fellpflege und zur geruchlichen Identifizierung von Artgenossen dient.[20] Heute sind sie streng geschützt.[21]

»Bei der Wiederansiedelung vor wenigen Jahrzehnten wurde versäumt, der Bevölkerung Wissen über die Tiere zu vermitteln. Wir Menschen von heute haben keine Erfahrung im Umgang mit ihnen«, sagt Holzinger. Etwa damit, dass sie die »Ordnung« unserer Kulturlandschaft – begradigte Bäche, rechteckige Felder, parallel zum Feldrain ein Weg – durcheinanderbringen: »Intakte Ökosysteme schauen oft chaotisch aus.« Und der Biber stelle als eifriger Gestalter, eben als »Ingenieur«, solche naturnahen Lebensräume wieder her.

Auch beim bayrischen Bund Naturschutz heißt es: »Gerade das ›Unaufgeräumte‹, das Abwechslungsreiche, Vielfältige und sich ständig Verändernde, das er [der Biber] in seinen Revieren wieder einführt, entspricht dem eigentlichen Wesen der Natur.«[22] Im Westen der USA, so auch im schon genannten Idaho, werden Biber von Farmern ganz bewusst wiederangesiedelt, um Fließgewässer zu renaturieren und so den Wasserrückhalt auf ihren Flächen, etwa Weideflächen zu verbessern. »Es gibt dafür nichts Besseres als Biber – und auch nichts Billigeres«, sagt Holzinger.

Von der Zentralperspektive zum Respekt

Warum fällt es uns eigentlich so schwer, eine andere als unsere anthropogene, also von Menschen geschaffene Ordnung als solche zu erkennen und anzuerkennen? Der Philosoph Bernd Scherer hat eine Antwort darauf und er führt uns damit ein paar Jahrhunderte zurück, ins 14. und 15. Jahrhundert, zur Entdeckung der Zentralperspektive als bildgebendes Zeichenverfahren. Die Zentralperspektive erschließt das auf einem Bild Dargestellte als jenen Raum, der sich zwischen dem fix positionierten Auge der Betrachter:innen (bzw. Maler:innen, Fotograf:innen etc.) und dem Horizont erstreckt, auf dem sich der Fluchtpunkt befindet, also jener Punkt, zu dem alle (Flucht-)Linien hinlaufen, die in der Realität parallel zueinander sind. Scherer schreibt:

> »Mit der Repräsentation des Blicks vermittels der Zentralperspektive im Bild definierte die europäische Malerei auch ihr Verständnis von Wahrnehmung. Wahrnehmung war dabei nicht ein Prozess, in welchem dem Subjekt wie in der chinesischen Bildtradition beim Durchwandern des Bildes etwas widerfahren konnte. Der über geometrische Verfahren

> konstruierte Blick war vielmehr ausschließlich aktiv gedacht, da den Betrachter:innen in der europäischen Tradition [...] eine Akteursrolle zuteil wurde, aus der heraus die Welt betrachtet, geordnet und erschlossen werden konnte, ohne dass der eigene feste Platz verlassen werden musste.«[23]

Wir Europäer:innen wurden mit der Zentralperspektive quasi zu dem, was im englischen Sprachgebraucht heute *armchair experts* genannt wird: Expert:innen, die im bequemen Lehnstuhl vor dem Kamin sitzen, sich von dort aus die Welt erklären und auch gleich ihre Urteile über sie fällen. Unsere Wahrnehmung aus der Zentralperspektive heraus »wurde in den folgenden Jahrhunderten sowohl im Hinblick auf die Erschließung anderer Kulturen und Gesellschaften wie im Hinblick auf diejenige der Natur zum Grundmodell des europäischen Weltverständnisses«. Darin komme der (westliche) Mensch ausschließlich als Akteur:in vor, so Scherer (ebd.).

Fällt es uns deshalb so schwer, anderen, wie dem Biber – ohnehin innerhalb eines gewissen Rahmens –, wie Holzinger auf Augenhöhe zu begegnen und »machen zu lassen«? Und, wieder mit Verweis auf das Überschreiten der planetaren Grenzen, wohin uns die bisherige Herangehensweise geführt hat: Warum versuchen wir es nicht einmal mit einem anderen Weg? Zum Beispiel, indem wir uns als Erzähler:innen ganz bewusst und konkret auf Akteure wie die Biber einlassen, ihnen Aufmerksamkeit schenken – und ihre Darstellung in unseren (journalistischen) Erzählungen dann auch entsprechend gestalten?

Indem wir uns mit ihnen verwandt machen?

»Make kin, not babies«, also »Macht euch verwandt, nicht Babys«, lautet eine zugespitzte Aussage der US-amerikanischen feministischen Wissenschaftstheoretikerin Donna Haraway. Sie wirft damit Fragen auf, die so davor noch niemand stellte:

> »Kin (Verwandtschaft, Sippschaft) ist eine wilde Kategorie. [...] Welche Gestalt hat diese Sippe, welche Orte und welche Kritter verbinden und trennen die Verwandtschaftslinien, und warum das Ganze? Was muss durchschnitten und was muss verknüpft werden, damit artenübergreifendes Gedeihen auf dieser Erde eine Chance hat; ein Gedeihen, das menschliche und anders-als-menschliche Wesen in die Verwandtschaft miteinschließt?«[24]

Denn Haraways Theorien zufolge sind wir »Erdlinge im tiefsten Sinn verwandt«[25], und damit meint sie eine planetare Gemeinschaft, die alle Lebewesen, ja sogar abiotische Akteure miteinschließt. Denn: Ob wir wollen oder nicht, ob wir uns dessen bewusst sind oder nicht, dieses »Sich-verwandt-Machen« passiert ständig. Wir kommen aus dem *kin-making* gar nicht heraus.

Individuell wären wir als Menschen ohne unser Mikrobiom, einer Gemeinschaft aus Kleinstlebewesen, die unseren Darm und unsere Haut bevölkern, nicht lebensfähig. Jede:r von uns ist also gar nicht eine:r, sondern viele. Als Gesellschaften sind wir nicht nur unmittelbar auf pflanzliche und tierische Lebensmittel angewiesen, sondern unter anderem auf die Bestäubung der Kulturpflanzen durch Insekten, auf die Photosynthese der Pflanzen. Mit vielen unserer Mit-Erdlinge verbindet uns eine Ko-Evolution, eine jahrtausendelange gemeinsame Entwicklungsgeschichte, in der etwa nicht nur wir Menschen Tier- und Pflanzenarten zu unserem Nutzen gezähmt und domestiziert haben, sondern auch sie uns.

Ein prominentes Beispiel liefert der israelische Historiker Yuval Noah Harari in seiner *Kurzen Geschichte der Menschheit*: Weizen zum Beispiel war vor zehntausend Jahren nur eines von vielen Wildgräsern im Nahen Osten. Doch innerhalb weniger Jahrtausende breitete er sich von dort auf den ganzen Planeten aus.[26] Und zwar, »indem er den armen *Homo sapiens* aufs Kreuz legte«, so Harari. Er brachte den Menschen dazu, für ihn Schädlinge abzuwehren, Wasser wie Dünger herbeizuschaffen und zwang ihn sogar in die Sesshaftigkeit. »Das Wort ›domestizieren‹ kommt vom lateinischen Wort *domus* für ›Haus‹«, schreibt Harari und fügt – wohl augenzwinkernd – hinzu: »Wer lebt eingesperrt in Häusern? Der Mensch, nicht der Weizen.«[27]

Damit zurück zu Donna Haraway: In ihrer Essaysammlung *Unruhig bleiben* geht sie auch darauf ein, wie ein Bewusstsein für diese umfassende Beziehungsgemeinschaft, die unser Dasein überhaupt erst ermöglichte und laufend von Neuem ermöglicht, eine neue Basis sein könnte für unser Geschichtenerzählen – und umgekehrt:

> »Vielleicht, und nur vielleicht, und nur durch großes Engagement und intensive kollaborative Arbeit (und kollaboratives Spiel) mit anderen Erdlingen, ist das Gedeihen von reichhaltigen, artenübergreifenden Gefügen, die auch uns Leute umfassen, weiterhin möglich. [...] Wir [brauchen] Geschichten,

die Komplexität zusammentragen und dabei die Grenzen offen halten können, begierig nach überraschenden, alten und neuen Verbindungen.«[28]

Etwa solche Verbindungen: Wer hat noch fünf Finger an jeder Hand, so wie wir? Die Waschbären, allerdings ohne opponierbaren Daumen.

Geschichten in genau diesem Sinn erzählen Holzingers Aufnahmen von Familiengesprächen in den Biberburgen. Ich versuche, eine solche erzählerische Praxis in meiner Arbeit als Co-Autorin populärwissenschaftlicher Bücher gemeinsam mit Verhaltens- und Kognitionsbiolog:innen zu verfolgen. In den bisherigen Publikationen über Elefanten, Kolkraben und Graugänse, an denen ich mitwirkte, hatten wir jeweils einen Zugang im Sinn, der der menschlichen Perspektive, dem respektvoll-wissenschaftlichen Blick genauso gerecht wird, möglichst aber auch die Perspektive der beschriebenen Tiere miteinbezieht.

Verhaltensbiolog:innen, die mit Wildtieren zusammenarbeiten und deshalb immer wieder darauf angewiesen sind, deren »Fluchtdistanz« nicht zu überschreiten, sind in dieser Hinsicht sensibilisiert: Wie weit kann eine:r sich einem Tier nähern, ohne dass es wegfliegt oder -läuft? Vor jedem Schritt vorwärts müssen Forschende abwägen, ob ein »Näher« für die aktuelle Fragestellung überhaupt nötig ist (oder nicht vielleicht die Beobachtung aus der Ferne reicht). Sie müssen sich ruhig und kontrolliert bewegen – und bei jeder eigenen Regung die Reaktion des Gegenübers beobachten, gegebenenfalls auch wieder einen Rückzieher machen. Zusammengefasst, und diese Fassung taugt auch als Metapher: Sie müssen Respekt zeigen, und zwar im ursprünglichen Wortsinn. *Re-spicere* ist im Lateinischen ein *Sich-Umsehen*, ein *Auf-die-anderen-Blicken*.

Spielräume und Kontaktzonen

Anstatt also bequem und unbeweglich im Lehnstuhl zu sitzen und sich eine Meinung zu »bilden«, ist die Geschichte der Arbeit dieser Forschenden eine der – auch im Haraway'schen Sinn – Unruhe: des ständigen Auslotens und Zurückweichens, wenn die Evidenz es verlangt, ein geduldiges und rücksichtsvolles Sich-immer-wieder-Einlassen auf Versuch und Irrtum, manchmal vorsichtig, manchmal forsch. Diese Haltung prägt den

Zugang jener Verhaltensbiolog:innen, mit denen ich bisher zusammenarbeiten durfte.

Im Zuge einer solchen Arbeitsweise, ihrem Erzählt-werden und Nachvollziehen, passieren verschiedene Dinge, die aus meiner Sicht einem ganz bewussten Sich-verwandt-Machen entsprechen und die auch fürs Erzählen (journalistischer) Geschichten relevant sein können.

Beobachten als Prozess

Die Bioakustikerin und Elefantenexpertin Angela Stöger vermittelte mir etwa, dass das Kennenlernen und Beobachten einer Tierart ein Prozess ist. Im Idealfall beginne jedes verhaltensbiologische Forschungsprojekt mit dem sogenannten »Ad-libitum-Sampling«:

> »Man lässt die Eindrücke auf sich wirken, macht keine systematischen Aufzeichnungen, sondern eher subjektive Notizen. Dabei mache ich mich mit den Tieren vertraut, nehme wahr, wie sie riechen und welche Laute sie erzeugen. Ich versuche, das Tier als Ganzes zu erfassen, versuche, ein Gefühl dafür zu bekommen, für seine Gestik und Körperhaltungen, für die Art und Weise, wie sich die Tiere bewegen und miteinander interagieren.«[29]

Durch ein bewusstes Lenken der Aufmerksamkeit auf ein Tier oder, generell, Phänomen, bekommt eine:r so nach und nach ein Auge und ein Ohr für das zu Beobachtende. In der Verhaltensbiologie gibt es zu jeder Tierart außerdem ein Ethogramm, eine Art bebilderten oder illustrierten Verhaltenskatalog, den auf eine Art spezialisierte Wissenschaftler:innen freilich sehr genau kennen.[30] Durchs Beobachten selbst und durch das Studieren der Beobachtungen anderer wachsen angehende Verhaltensbiolog:innen in ihre Aufgabe hinein.

Timesharing und *space sharing*

Im Sinne eines adäquaten Umgangs mit Wildtieren schlägt Sonia Kleindorfer, Leiterin der Konrad Lorenz Forschungsstelle im oberösterreichischen Grünau im Almtal, in *Das erstaunliche Leben der Graugänse* eine Praxis vor: das rücksichtsvolle gemeinsame Nutzen von Räumen oder Sphären zu getrennten Zeiten. Sie erzählt vom »spektakulär schönen Almsee«, der unweit ihrer Forschungsstelle liegt, und wo die Gänse eine Zeitlang brüteten. Derzeit tun sie das nicht. Warum?

»Leider, und sehr zum Bedauern vieler Menschen, ist es wahrscheinlich so, dass die Hunderttausenden Besucherinnen und Besucher, die jedes Jahr vorrangig per Auto anreisen, ein Sterberisiko oder zumindest einen Störfaktor für Wildtiere darstellen.«[31] 2023 starteten die Wissenschaftler:innen an Kleindorfers Institut deshalb ein neues Biodiversitätsprojekt, bei dem sie die Auswirkungen von Verkehrslärm auf Wildtiere maßen und Drohnen mit Infrarotkameras einsetzten, um aktive Nester gefährdeter Vogelarten zu finden.

> »Wir möchten damit in der Gemeinde und auch bei den Besucherinnen und Besuchern für mehr Verständnis plädieren und sie wissen lassen: ›Hier ist ein aktives Nest, lasst uns dieses Gebiet für achtundzwanzig Tage meiden. Danach können wir Menschen diesen Bereich wieder nutzen.‹ Damit würden wir dem Brutpaar seine Ruhe zugestehen. Die Ressourcen wären gerechter zwischen Mensch und Tier verteilt. In den Niederlanden werden etwa schon Windräder vorübergehend gestoppt oder zumindest verlangsamt, wenn ein großer Zugvogelzug über der Nordsee durchzieht – auch so ein Beispiel für eine faire Aufteilung der Nutzung dieser Landstriche und Ressourcen. Ich bin zuversichtlich, dass das auch in anderen Bereichen funktionieren kann. Und macht es nicht auch Freude, zu wissen, dass wir schon mit einem kleinen Entgegenkommen das Leben der Wildtiere lebenswerter machen können?«[32]

So werden von Mensch *und* Tier genutzte Lebensräume ganz bewusst zu »Kontaktzonen«, die sich von Schutzzonen unterscheiden (die es als Rückzugsräume selbstverständlich auch geben muss). Auch wenn sie nicht gleichzeitig passiert: Durch die ausgeschilderte gemeinsame Nutzung einer Sphäre entsteht so vielleicht auch bei Menschen ein stärkeres Gemeinschafts- oder Solidaritätsgefühl.

Spielraum offenlassen, ohne das Erkenntnisinteresse aus dem Blick zu verlieren

Der auf Kolkraben spezialisierte Verhaltensbiologe Thomas Bugnyar beschreibt, dass es manchmal schwierig ist, eine Balance herzustellen: »die Balance zwischen wissenschaftlicher Seriosität und Sorgfalt, die verhaltens- und kognitionsbiologische Experimente unbedingt erfordern, bei gleichzeitiger Flexibilität, einem Nachsehen der ›Macken‹ einzelnen Individuen gegenüber.« Denn: Er ist als Forschender auf die Kooperation seiner Raben angewiesen.

> »Es ist ein ständiges Abwägen von Pro und Kontra: Will ein Rabe partout immer am Beginn einer Versuchssession drankommen und verweigert andernfalls die Mitarbeit – hatte ich auch schon –, dann soll das eben so sein. Die Versuchsreihenfolge wird in diesem Fall später nicht als ›randomisiert‹, also ganz und gar zufällig, sondern als ›semi-randomisiert‹ ausgewiesen. Ein anderer Rabe springt mir vor dem Versuch stets mit einem Hopser über die Schulter und schnappt sich dabei das Gummiband, das meine Haare zusammenhält. Ist er an der Reihe, weiß ich in der Früh schon, dass ich an diesem Tag ein zweites Gummiband in die Voliere mitnehmen muss. Vorauseilender Forschergehorsam, sozusagen.«[33]

Bei seinen Verhaltensexperimenten müsse er also einerseits »auf die Raben als Individuen eingehen können, immer wieder versuchen, ihre Gedanken zu lesen – und mir dabei ständig überlegen: Was ist prioritär für die Fragestellung, die ich mit meinem Versuch überprüfen will?« Auch die theoretischen biologischen Systeme, in denen er sich bewegt, seien schließlich niemals starr, sondern auch veränderbar. Wenn er als Wissenschaftler darauf beharre, einen Versuch schon zu starten, während der oben erwähnte Rabe noch mit seinem Haarband beschäftigt ist, werde er mit ihm nicht arbeiten können. »Stattdessen warte ich bei diesem Vogel mit dem Start eben um die zwei Minuten länger, bis ihn mein Haarband nicht mehr interessiert und er es fallen lässt.« Bugnyar kann also die Zusammenarbeit nicht erzwingen, er ist auf den Kooperationswillen des Gegenübers angewiesen. Wie die Mitarbeit dennoch gelingt? »Es bedeutet streng und großzügig zugleich zu sein.«[34]

Die Zugänge dieser Forschenden haben eine Gemeinsamkeit: Sie sind sich einer Verantwortung bewusst. Sich ver-antwortlich zu fühlen kann wie schon erwähnt bedeuten, mit dem Anspruch zu leben, anderen eine Antwort zu schulden. Stöger, Kleindorfer und Bugnyar wissen, dass sie den Tieren für deren Mitarbeit zum Gelingen gemeinsamer Projekte eine Antwort schulden. Sie blicken auf die Tiere, sie respektieren sie, nehmen Rücksicht, schrauben die eigenen Ansprüche ein gerade genug großes Stück weit zurück, geben ihnen Raum – und vermeiden so, soweit es für einen Menschen erkennbar möglich ist, sie zu vereinnahmen. Sie in ihrer Fremdheit respektvoll zu behandeln, heißt dabei immer auch, eine Leerstelle offenzuhalten, sich nicht anzumaßen, Tiere bis ins Detail »erklären« oder analysieren zu können.

Kommen wir noch einmal zurück zu den Bibern. Während andere Wildtiere oft kaum sichtbare Spuren hinterlassen (bzw. nur welche, die Fachleute lesen können), schaffen Biber solche recht resolut: An- oder abgenagte Baumstämme – am liebsten die der sich stark vermehrenden Weiden und Pappeln – liegen sauber gefällt am Boden, ihre oft ausufernden Dämme und Burgen sind gut sichtbar. Biber sind häufig frühmorgens oder spätabends aktiv. Was, wenn wir »ihre« Flussufer auch als Kontaktzonen im Sinne eines Time- oder *space sharing* begriffen, in denen auch wir unsere (Raum-, Bewegungs- etc.) Ansprüche eine Spur zurückschrauben, vielleicht die akustischen Stücke von Abby Lee Tee im Ohr?

Noch weiter gedacht: Welche Kontaktzonen (wobei alle Beteiligten auch Platz zum Rückzug bräuchten) wären in unserer Zeit, in der die Rinderweiden aus dem Landschaftsbild fast verschwunden sind, mit Nutztieren wie Kuh, Schwein, Huhn vorstellbar? Und auch: Welche Antwort wären wir ihnen schuldig, würden wir ihnen am Zaun in die Augen schauen?

Verstehen Sie mich nicht falsch: Mir geht es mit meinem Ansatz des ökologischen Erzählens nicht um das »Herstellen« oder Realisieren der Illusion einer heilen Welt, in der reine Eintracht herrscht und keine:r dem oder der anderen etwas zuleide tut. Haraway spricht von einem »guten Leben und Sterben«[35] in einer beschädigten Welt, einer durch Lebensraumzerstörung, Erderhitzung, Artensterben beschädigten Welt, deren Ressourcen wir bereits über Gebühr genutzt oder verbraucht haben.

Alleine werden wir ein solches »gutes Leben und Sterben«, ein solches gemeinsames Überleben nicht schaffen, wir brauchen als Komposita, die wir sind, andere Artgenossen und andere Arten. Nur zusammen können wir leben und nur zusammen können wir werden. Tiere sind unsere engsten Verwandten, nur mit ihnen teilen wir unser aller Schicksal, eines Tages sterben zu müssen. Bei aller Beschädigung ließe sich Trost darin finden, uns an die Gemeinsamkeit unseres Schicksals zu erinnern, uns zu solidarisieren. Und das funktioniert in Kontaktzonen, die es zu gestalten gilt, besonders gut.

Kapitel 9

Beziehungsarbeit statt Lösungsversessenheit

Sich miteinander auseinandersetzen

»Lead me, teach me, searchingly.«

Soap & Skin, Italy

Viele Menschen *hören* offenbar immer noch gerne Geschichten, obwohl sie längst erwachsen sind. Wie lässt sich sonst erklären, dass Hörbücher, journalistische Audio- oder dokumentarische Gesprächsformate – Podcasts – im vergangenen Jahrzehnt derart zu florieren begannen?[1] Es gibt mittlerweile sehr viele Hörformate für ganz »spitze« Zielgruppen (also einen spezialisierten Fachbereich). Formate für ein General-Interest-Publikum hingegen, bei denen alle mitreden können, sind heute ein bisschen aus der Mode gekommen. Kurz nach Mittag aber gibt es in meinem Einzugsbereich zwei Radiosendungen, die das Zusammenkommen an einer Art von Stammtisch noch zelebrieren: *Punkt 1* auf Österreich 1 sowie die *Jeremy Vine Show* auf BBC Radio 2. Der oder die Moderator:in widmet dabei einem Gesprächsthema vertiefend eine halbe Stunde bis Stunde. Dazu sind immer Expert:innen für ein konkretes Thema und/oder Betroffene einer Diskrepanz, eines »Problems« in der Leitung oder im Studio zu Gast, außerdem werden Anrufe von Hörer:innen durchgestellt, mit ihren verschiedensten Zugängen und Meinungen – auch solchen, die nicht einer Political Correctness entsprechen.

Ziel der Sendungen scheint dabei weniger, konkrete »Lösungsansätze« zu erarbeiten oder zu vermitteln, wie es der typisch lösungsorientierte Journalismus tut. Sie arbeiten gewissermaßen auch konstruktiv, drängen aber weniger auf eine Lösung: Sie bereiten eine Fragestellung oder ein Thema ausführlich auf, nehmen sich Zeit dafür, hinter die Kulissen zu schauen, Definitionen zu erklären, verschiedene Standpunkte dazu einzuholen, Missverständnisse auf den Tisch zu bringen und Zusammenhänge transparent zu machen.

Besonders BBC-Moderator Jeremy Vine bemüht sich, Meldungen aus den Nachrichten auf den Boden zu holen oder dem *talk of town* nachzuspüren. Er und sein Team verblüffen immer wieder mit einer wilden Mischung aus je vier Themen, die in zwei Stunden durchgearbeitet werden. Als Host navigiert Vine Gäste wie Zuhörer:innen ungemein professionell, respektvoll und fair durch oft hitzige Debatten, ob es nun um eine Regierungsumbildung, gesundheitliche Langzeit-Probleme mit Tattoos, die politisch extrem heikle (und mittlerweile geklärte) Zollregelung zwischen Nordirland und der Republik Irland nach dem Brexit oder oder um die Frage geht, ob die Pubs in Großbritannien aufhören sollten, Wein in Viertellitergläsern anzubieten, weil das zu Alkoholismus anrege.

In der österreichischen Version einer Call-in-Show, *Punkt 1,* ging es im Mai 2022 um ein Thema, das einen behutsamen Zugang erfordert und in tagesaktuellen Nachrichten oft im Hintergrund bleibt: »Kindesvernachlässigung: Die stille, passive Gewalt im Verborgenen«. Zu Gast waren in dieser Sendung Psychologin Petra Birchbauer und Heilpädagogin Renate Doppel. In ihrem Gespräch über die Beziehungen zwischen Pflegekindern, ihren leiblichen Eltern und Pflegeeltern erregte ein Statement meine Aufmerksamkeit. Wie lassen sich Eltern, die ihr(e) Kind(er) aufgrund einer geringen Mentalisierungsfähigkeit vernachlässigen, dazu bringen, sensibler zu werden?, fragte die Moderation.

»Ganz viel von uns ist Beziehungsarbeit«, antwortete Birchbauer. Typische Interventionen wie Informationsbroschüren, Elternschulen oder »Lernen am Modell« hingegen funktionierten kaum oder führten sogar zu Verschlechterungen,Verschlechterungen, so Doppel. Für mich ein Aha-Moment: Die beiden Expertinnen berichteten also, dass, wenn sie Probleme frontal angingen, das oft nicht zu einer Verbesserung oder gar Lösung der Situation führte, sondern womöglich sogar zu einer Verschlechterung. Vielleicht ist es also auch in der journalistischen Arbeit kontraproduktiv, die (vermeintliche) Lösung eines Problems gleich mitzuliefern?

Journalistische Geschichten setzen üblicherweise an einem Konflikt an. Berichterstatter:innen interessieren sich für Berührungspunkte oder Schnittstellen, an denen sich etwas spießt, etwas aneinander reibt, wo

Widersprüche oder Differenzen auftreten. Einerseits ist da also diese Problemfixierung. Und andererseits ist zunehmend – da zwar den Tagesjournalismus der schnellen Nachrichten häufig der Vorwurf des Schwarzmalens trifft, sich aber gerade in der Klima- und Umweltberichterstattung ein »konstruktiver« Journalismus etabliert hat – eine Lösungsversessenheit zu spüren: Es gibt vielfach den Auftrag an Journalist:innen, das ursprüngliche Problem zum Ende einer »Geschichte« hin aufzulösen. Oder, wenn das zu ungewiss scheint, jedenfalls einen ermutigenden Ausblick zu geben: Was ließe sich gegen die aufgedeckten Missstände tun?

Das führt dazu, dass Journalist:innen Probleme und ihre Lösungen zwar nicht »erfinden« oder inszenieren. Aber oft wird nur als valider Stoff einer Berichterstattung anerkannt, was einen Konflikt – und dann eben auch dessen Lösung – birgt. Und das bedeutet, dass auch Inhalte, die dem zunächst nicht vollständig folgen, entsprechend geframt[2] werden müssen. So werden häufig zwei in Opposition zueinander positionierte Streitparteien dargestellt: Solche Schwarz-Weiß-Malerei ist zwar einfach zu verstehen und gibt Orientierung – aber nur zum Schein. Auch ein »Zuspitzen« von Geschichten in diesem Sinn kommt durchaus vor, etwa wenn eine:r Überschriften dramatischer oder konfrontativer formuliert, als es der Sachverhalt eigentlich hergibt.

Doch mit Birchbauer und Doppel frage ich mich: Lassen sich dokumentarische Erzählungen nicht auch anders denken als im Problem-Lösungs-Schema, etwa als bereichernde, zusammensammelnde, ironische, ambivalente, vergebliche, absurde etc. Geschichten, die das Leben ja tatsächlich schreibt? Sie alle haben das Potenzial, Menschen zu inspirieren. Das bloße Darlegen beispielhafter Lösungsschablonen und das vermeintliche »(Wieder-) Herstellen« von Harmonie wiegt uns eher in falscher Sicherheit.

Auch »Probleme« sind oft nur Problematisierungen, eine Frage der jeweiligen Wahrnehmung oder Blickrichtung. Wie können wir also unseren Blick weiten? Mehrere Perspektiven zulassen? Kann schreiberische Beziehungsarbeit (vielleicht auch die mit nicht-menschlichen Protagonist:innen, wie im vorherigen Kapitel beschrieben) das sein, was eine:r als Geschichtenerzähler:in am ehesten zur »Lösung« von gecoverten Problemen beitragen kann?

Im Held:innenmythos ist der Konflikt zentral. Ihm muss sich Heldin oder Held stellen, ihn auflösen und daraus lernen bzw. muss sich eine Moral aus der Geschichte ableiten (lassen). »Problemlösung kennt der Held also nur als akute Transformation am Tiefpunkt, nicht als präventive Veränderung«, schreiben die beiden Publizist:innen Samira El Ouassil und Friedemann Karig in *Der erzählende Affe.*[3] Dabei sind unser aller Leben doch ein Sich-immer-wieder-Auseinandersetzen mit dem, was wir jeweils als »Probleme« wahrnehmen. Denn:

> »Probleme kann man nicht angreifen. Auch wenn die Ergebnisse/Situationen, zu denen Probleme letztendlich führen, meist handfest sind und entsprechende Spuren im Leben der Beteiligten und Betroffenen hinterlassen, können wir die Probleme selbst nur fühlen. Sie sind Konstrukte (eine ›Erfindung‹) der Beteiligten – und jeder Beteiligte beschreibt, erklärt, bewertet und fühlt dieses Konstrukt auf eine ihm eigene, völlig individuelle Weise«,[4]

schreibt Coachin Sonja Radatz in *Beratung ohne Ratschlag*, einem Fachbuch für systemisches Coaching. Darin beschreibt sie, wie systemische Coaches sich über offenes Fragen (anstatt über vorgefertigte Antworten) aus dem eigenen Repertoire oder der eigenen Erfahrung ein Bild von der Situation ihrer Kund:innen machen. Radatz' Zugang: »Wir hören uns die Erzählung des Kunden an, staunend, unwissend, nicht-verstehend, – und müssen daher den Kunden als alleinigen Experten für seine Probleme – und damit auch für die Lösung seiner Probleme – ansehen.«[5] Ein genau solches Zuhören kann auch am Beginn einer Recherche stehen.

Probleme sind also nicht die einmaligen, punktuellen Krisen, als die sie im Held:innen-Mythos auftauchen, sondern ständige Begleiterinnen unseres Alltags. Sie sind weniger objektiv vorliegende Tatsachen, sondern vielmehr Erzählungen der Beteiligten, die sich aus den Beziehungsgeflechten, aus dem Ökosystem eines »Problems« heraus entwickeln. Es ist deshalb für das Geschichtenerzählen manchmal hilfreicher, Problemlösungen nicht nur »im Außen«, in vermeintlichen Tatsachen zu suchen, sondern auch »im Innen« von Prozessen, die ja immer von Lebewesen gestaltet sind. Jede unserer Aktivitäten ist von irgendeiner Art »Beziehungsarbeit« geprägt.

Wie können wir diesen Gedanken in die journalistische Arbeit, in ein ökologisches Erzählen mitnehmen? Jede Recherche beginnt schließlich mit dem Sammeln von Informationen (ob als Daten oder in Gesprächen) – und der Frage: *Cui bono?*, also: Wer zieht einen Nutzen aus einer bestimmten Situation? Was wiederum auf die Frage hinausläuft: In welcher Beziehung stehen die Beteiligten zueinander?

In diesem Sinn kommen wir in diesem Kapitel auf »Zwischenmenschliches«, auf Beziehungspflege auf verschiedenen Ebenen und auf einen ökologisch-gemeinschaftlichen Zugang zum Geschichtenerzählen zu sprechen: Wie können wir »antwortend zuhören«? Taugen Beziehungen als Kerne von Geschichten? Und können Held:innen gemeinsam denken – oder verlieren sie damit ihr Ego?

Feinsinnige Wahrnehmung: Beobachten als »antwortendes Hinhören«

Den ihr eigenen Blick auf ihre Klient:innen teilt Radatz mit der Medizinerin Marina Kojer, spezialisiert auf palliativmedizinische Geriatrie. Sie hat mit *Alt, krank und verwirrt* ein Standardwerk für die Pflegearbeit publiziert, in dem sie und Mitautor:innen viele Zusammenhänge anhand anonymisierter Patient:innengeschichten aufarbeiten und erklären. Kojer plädiert darin für eine »radikale Patientenorientierung«[6]. Das führt zu manchmal paradox wirkenden Maßnahmen, die klarmachen: In der *palliative care* ist eine:r mit dem klassischen Problemlösungsansatz auf verlorenem Posten.

> »Herr Otto hat die fünfte Lungenentzündung. Jeweils nur wenige Tage nach Absetzen des Antibiotikums beginnt die nächste. Geht sein Leben zu Ende? Wir sprechen im Ärzteteam darüber. Alle, einschließlich der Primarärztin, befürworten den Therapieabbruch, nur die Stationsärztin nicht: ›Herr Otto lebt so gerne‹, sagt sie. ›Kaum geht es ihm ein bisschen besser, schmeckt ihm seine Zigarette wieder. Er ist ein Kämpfer, er hat sicher noch die Chance auf eine gute Zeit!‹ Sie kennt Herrn Otto am besten, ihr Wort gibt daher den Ausschlag: Wir entschließen uns gemeinsam, zu einem weiteren Therapieversuch. Drei Wochen später sitzt Herr Otto wieder in seinem Rollstuhl, lächelt uns an und raucht zufrieden die geliebte Zigarette. Er ist zwar schwach, aber er freut sich. Herr Otto genießt sein Leben noch ein halbes Jahr lang.«[7]

Um zu solchen Auflösungen von Situationen zu kommen, die keine ultimative »Lösung« darstellen, sondern stattdessen vielleicht das Bestmögliche *unter den gegebenen Umständen*, braucht es ein genaues Beobachten, ein feinsinniges Wahrnehmen und Reagieren auf die Patient:innen, eine respektvolle Zusammenarbeit, das Hören und Einbeziehen aller Stimmen. Beziehungsarbeit eben.

Im dokumentarischen Schreiben lässt sich das so umsetzen, dass ein:e Erzähler:in nicht nach schnellen Lösungen heischt, sondern das Beziehungsgeflecht darstellt, innerhalb dessen sich Protagonist:innen bewegen. Wäre ein Porträt über Herrn Otto (etwa um den Personalbedarf oder Ausbildungsbedarf in der Pflege zu thematisieren) zu schreiben, ließe sich das, wie von Kojer/Pirker im obigen Fall dargestellt, etwa über die Beziehung von Stationsärztin und Herrn Otto tun, über eine Beschreibung der besonderen Art der Teamarbeit, eine Charakterisierung der Beziehungsarbeit, die Kojer in ihrer Praxis der *palliative care* etabliert, die sie in *Alt, krank und verwirrt* auch beschreibt. Dazu gehört auch ein Kodex und sein erster Satz lautet: »Wir begegnen einander mit Respekt.«[8]

Auch im dokumentarischen Schreiben ist die Beobachtung ein wesentliches Element, weil die szenische Ebene davon abhängt. Wie konkret kann ich meine Leser:innen in eine Szene, die ich während der Recherche selbst erlebt habe, hineinholen? Als Geschichtenerzähler:innen steht uns dabei nicht nur die sprachliche Ebene kommunizierter Inhalte bei einem Termin oder Interview, bei jedem Gespräch, jeder Erfahrung zur Verfügung, sondern auch ein »leibliches Responsorium«[9], wie der Philosoph Bernhard Waldenfels es ausdrückt. In seinem Buch *Antwortregister* setzt er sich damit auseinander, wie uns »Stimme, Gehör und Echo«, »Auge, Blick und Spiegel« oder »Hand, Berührung und Händedruck« unterschwellig beeinflussen:

> »Das Antworten auf das, was uns anruft und auffordert, beginnt mit dem Hören. Etwas lässt uns aufhorchen und führt zu einem ›antwortenden Hinhören‹. Das Hinhören kann selbst wieder die verschiedenen Formen des Anhörens, Zuhörens, Erhörens oder Weghörens annehmen […]. Das Hinhören hört nicht einfach etwas als etwas, sondern es hört auf etwas.«[10]

In der Recherche, bei Hintergrundgesprächen, Interviews oder dem Beobachten von Szenen sind wir manchmal so auf den Inhalt konzentriert, dass uns kleine, und doch höchst relevante Hinweise unserer Gesprächspartner:innen entgehen (oder durch andere Sinne Wahrgenommenes, vielleicht unbedeutend Scheinendes: Gerüche, Geräusche). Ich hätte etwa Winiwarters Stricken ignorieren können oder Margulis die Bemerkung unterlassen, dass das Stück Mikrobenmatte auf andere vielleicht ekelerregend wirkt. Beide Ebenen sind wichtig: die inhaltliche wie die auf den Ausdruck »hinhörende«. Feine Sinne, viel Konzentration und etwas Besonnenheit sind dazu nötig.

Die Coachin Radatz setzt für ihre Arbeit ebenfalls auf die Beobachtung ihrer Unternehmenskund:innen – und weist auf deren wie unser aller Irritabilität hin. Potenziell kann jede:r von uns zu einer anderen Person werden, wenn wir bereit dazu sind: Radatz vergleicht Menschen, die von sich sagen »Ich bin Workaholic« mit anderen, die sagen, sie arbeiten einfach viel. Wenn wir bloß etwas »tun«, können wir uns zu jedem Zeitpunkt dafür entscheiden, es ab sofort auf eine andere Art und Weise oder gar nicht mehr zu tun. Wenn wir hingegen etwas oder jemand »sind«, uns als etwas oder jemand verstehen, definieren, scheint es deutlich schwieriger, aus einer solchen Schublade wieder herauszukommen: Ist gerade viel los, dann arbeitet eine:r eben *vorübergehend* viel. Als Workaholic hingegen scheint eine:r dazu verdammt, sich stets der Arbeit verschreiben zu müssen.[11] Es ist also von Gewicht, welches Bild wir von uns selbst oder anderen haben, welches Narrativ wir über uns oder andere weitertransportieren.

Den Blick weiten: Beziehungen statt Konflikte als Kern von Geschichten

> »Als Baby bekommt Tobias eine Rassel geschenkt. Oder ein Hörspiel. Sein Vater Frank weiß nicht mehr genau, was es war. Er weiß aber noch ganz genau, was er damals dachte: *Der kann das nicht hören, der wird nie hören können, der wird nie was davon haben.* Denn sein Sohn Tobias ist taub zur Welt gekommen. Seit seiner Geburt hört er: nichts.«[12]

So beginnt ein Artikel der Autorin Marija Barišić, in dem sie von gehörlos zur Welt gekommenen Kindern und ihren Familien erzählt. Für sie gibt es die Möglichkeit, ein Cochlea-Implantat (CI) bei einer Operation am Gehirn hinter dem Ohr einsetzen zu lassen. Möglichst früh operiert, können viele Kinder dann auch »normal« hören – doch nicht alle Eltern wollen das. Warum?

Barišić legt in ihrer Recherche und Erzählung behutsam dar, wie komplex die Antwort auf diese Frage ist. Denn viele Gehörlose begreifen ihre vermeintliche »Behinderung« als Teil ihrer Identität, als Kultur, die mit der Gebärdensprache auch über eine eigene Sprache verfügt. Die hörende Mehrheitsgesellschaft, darunter behandelnde Ärzte oder Ärztinnen hingegen meinen es »gut«, wollen »helfen«. Die gehörlose Minderheit fühlt sich aber unter Umständen gar nicht hilflos, sondern durch die Pathologisierung ihrer Gehörlosigkeit bevormundet. Dazwischen stehen Eltern, Großeltern und Kinder, die mit dem Aufwachsen, den unmittelbaren Erfahrungen auch ihre individuelle Meinung zur Gehörlosigkeit entwickeln.

Barišić spricht mit Betroffenen verschiedener Altersstufen, mit Emil, stolzer CI-Träger, der ohne Schwierigkeiten »an der hörenden Welt teilnimmt«, oder mit Jennifer, die auch ein CI trägt, aber trotzdem unbedingt die Gebärdensprache erlernen wollte. Und auch mit Tobias' Großeltern, die selbst gehörlos sind:

> »Tobias ist gehörlos geboren, seine Muttersprache ist die Gebärdensprache, er muss nicht ›repariert‹ werden, denken sie. Wenn sie andere Kinder mit Implantaten sehen, haben sie Angst, dass die Gebärdensprache irgendwann ganz aussterben könnte und mit ihr: die Identität der Gehörlosen.«[13]

Barišić zeichnet in ihrer Geschichte weniger Tobias' Entwicklung nach als das Beziehungsgeflecht, in dem er und seine Familie leben, sich bewegen, etwa: Für Kindergeburtstage oder Skiausflüge mit gehörlosen Kindern nimmt die Familie weite Wege auf sich. »So ist das bei gehörlosen Menschen: Weil sie nicht viele sind, scheuen sie auch keine Mühen, Freundschaften über Landesgrenzen hinweg aufzubauen und zu pflegen.« Oder sie berichtet davon, dass die Eltern im Wohnzimmer eine Blinkanlage installierten, die leuchtet, wenn es an der Tür klingelt – damit auch Tobias weiß, dass der Besuch da ist. Die Autorin tut das sehr feinsinnig, *bottom up*, sie spricht mit Ärzt:innen, Betroffenen und anderen Stakeholdern – mit ergebnisoffenem Blick, mit der Tragetasche in der Hand. Der offene Ausgang der Geschichte – Tobias' Eltern entschließen sich, ihm kein CI implantieren zu lassen – wird von ihr nicht abgeschlossen, sondern regt zum Weiterdenken an.

In meiner Tätigkeit, junge Autor:innen beim Schreiben ihrer ersten Magazingeschichten für das Monatsmagazin *Datum* zu begleiten, gab ich ihnen zu Terminen oder Interviews gerne mit: Besucht Schauplätze eurer Geschichte, spitzt dort die Ohren, macht die Augen auf. Wo begegnen euch – vielleicht unerwartet – lebendige Szenen oder Informationen oder Merkwürdigkeiten? Dinge, die euch vor, nach oder während eines Gesprächs dort überrascht haben, eine Bemerkung, die euch irritiert hat? Denn wie überall, wo Menschen und andere Lebewesen in Beziehung zueinander stehen, kommt auch ein Reden um den heißen Brei vor, Kompromisse, Ausreden, Gerüchte, ein Aussparen heikler Gesprächsgegenstände etc.

Sonja Radatz schlägt zum Erfassen solcher Beziehungsgeflechte einen systemisch-zirkulären Zugang vor:

> »Systemisch-zirkuläres Denken betrachtet Wechselbeziehungen zwischen dem eigenen Verhalten und dem Verhalten anderer im System. Es sucht niemals nach Ursachen oder Schuldigen, sondern überlegt, welche Muster von Kommunikationen, Beziehungen und Handlungen im Zusammenhang mit anderen Mustern letztendlich zu einem bestimmten Ergebnis führen und wie diese Muster anders ›gestrickt‹ (oder welche anderen Muster ›gestrickt‹) werden können, damit zieldienlichere Muster entstehen. [...] Aus systemischer Sicht gibt es kein ›richtig‹ oder ›falsch‹, sondnern nur ein ›passend‹

> (zum jeweiligen System, zur Situation, zur Kultur, zu den Forderungen, die von außen gestellt werden etc.) oder ›nicht passend‹.«[14]

Deshalb sagte ich den Nachwuchsjournalist:innen auch: Achtet darauf, was euch am Abend nach dem Recherchetermin so bemerkenswert erscheint, dass ihr es euren Mitbewohner:innen, eurer Oma, eurem Bruder erzählt.

Mit dieser Offenheit, die eine:r sich erhält, wenn sie oder er nicht schon mit der fertigen Geschichte im Kopf an Termine oder Interviews herangeht (allerdings ohne dabei das eigentliche Erkenntnisinteresse aus den Augen zu verlieren!), kann eine:r einen neuen Kern von Geschichten entdecken – oder die vielen Schichten eines Kerns. Und die können für viel mehr Spannung, Überraschung oder eben auch Irritation sorgen als ein Konflikt zwischen »Gut« und »Böse«. Als Autor:innen könnten wir dann im Schreibprozess immer wieder reflektieren: Welchem (bzw. wessen) Narrativ folgen wir für diese oder jene Geschichte eigentlich? Und: Wird es mit dem Zugang des ökologischen Erzählens vielleicht möglich, mehrere, auch ineinander verstrickte Perspektiven in einer Geschichte zu versammeln?

Gemeinsam denken, gemeinsam erzählen?

Während der Covid-Pandemie entstand in Barcelona eine besondere Initiative, die bis heute aktiv ist:[15] Immer werktags fährt der *bicibús*, ein Fahrradkonvoi, dem Schulkinder (und ihre Eltern) sich anschließen können, um sicher mit dem Rad zur Schule zu gelangen. Der motorisierte Straßenverkehr muss Rücksicht auf die langsamen, kleinen Radler:innen nehmen, die als große Gruppe gemeinsam unterwegs sind. Kleine und große Städte übernahmen die Initiative, heute gibt es zahlreiche Ableger.

Das ist ein typischer Fall von so genanntem *multisolving* – so jedenfalls würde es die Wissenschaftlerin und Klimaaktivistin Elizabeth Sawin nennen. Sie gründete 2022 das Multisolving Institute, das sich für Zusammenarbeiten über einzelne Fachbereiche hinweg einsetzt, um so eben zu multipel nützlichen Maßnahmen zu kommen. »One action, many benefits«, lautet der Leitspruch. Genaugenommen handelt es sich beim *multisolving* nicht um ein völliges »In-Luft-Auflösen« von Problemen, sondern häufig um Interventionen oder Kompromisse, die nicht für eine:n einzelne:n, sondern für viele eine Situation, den Ist-Zustand erträglicher oder angenehmer machen – oder jedenfalls einen Missstand in den Fokus rücken.

Im Fall des *bicibús* liegen die Vorteile auf der Hand: Die Kinder (und ihre Eltern) machen Bewegung, haben Spaß dabei, gewinnen an Selbstvertrauen im öffentlichen Raum und kommen frischer an der Schule (oder Arbeitsstätte) an. Das wirkt sich positiv auf die Gesundheit der Kinder aus, aber auch auf Klima, Lärm- und Feinstaubbelastungen durch den unterbrochenen (und vermiedenen) Verkehr. Bei dessen Teilnehmer:innen und vielleicht auch bei der Politik wird Bewusstsein für das Radfahren geschaffen.

Der *bicibús* wie das Thema *multisolving* insgesamt scheinen ideale Stoffe für Journalist:innen zu sein, die auf der Suche nach Erzählstoff für konstruktive Geschichten sind – doch auch hier gilt es, vorsichtig zu sein. Sawin gibt auf der Plattform X/Twitter zu bedenken:

> »Ich liebe Regengärten, begrünte Dächer, gemeinschaftliche Solidarität, lebendige Uferzonen, Resilienzzentren und all die anderen wunderbaren Möglichkeiten, sich an den Klimawandel anzupassen und gleichzeitig unsere Gemeinden gesünder, gerechter und schöner zu machen. Und doch... diese Lösungen haben ihre Grenzen. Sie können nicht die Niederschläge eines ganzen Monats an einem einzigen Tag verkraften oder die Temperaturen, die immer weiter in die Höhe klettern. Es gibt Schwellenwerte, Nichtlinearitäten und Grenzen der Belastbarkeit.«[16]

Auch wenn wir also über gelingende Projekte berichten, dürfen wir dabei nicht den Eindruck erwecken, dass wir damit die Zukunft schon in Sicherheit gebracht hätten (oder das *jedenfalls* tun können). Keine:r von uns ist in Interaktionen oder in der Wissensproduktion, im Geschichtenerzählen jemals unschuldig – nicht als Erzählende, nicht als Protagonist:in, nicht als Rezipient:in.

Immerhin: Beim *multisolving* – wie auch beim partizipativen, ökologischen Erzählen – lässt sich die Last verteilen, sagt Sawin: Viele von uns seien in individualistischen Kulturen aufgewachsen und dieser Referenzrahmen sei häufig Grund für unsere Verzagtheit in Zeiten der Erschöpfung. Aber: »Everyone has to do something, but no one has to do everything«, also: Jede:r könne etwas beitragen, aber keine:r müsse alles allein stemmen.[17] So könnten wir auch unsere Köpfe zusammenstecken, fremde Einflüsse zulassen, einander »in tatsächlichen Begegnungen gegenseitig befähigen«, wie Haraway es nennt – uns etwa von einer Amsel inspirieren lassen, die morgens vor unserem Fenster singt, wie Wichtigkeit klingt.[18] Oder wie Jenny Odell unser Ego ein Stück zurückschrauben:

> »Mein Vater, der ein Leben lang musiziert hat, sagt, dass genau das die Definition von guter Musik ist: Musik, die sich ›an dich heranschleicht‹ und dich verändert. Und wenn wir in der Lage sind, Raum zu lassen für die Begegnungen, die uns auf Weisen, die uns noch unbekannt sind, verändern, dann können wir auch begreifen, dass wir alle ein Zusammenspiel von Kräften sind, die unser eigenes Verständnis überschreiten. Das erklärt, warum ich, wenn ich einen Song höre, den ich wider Erwarten mag, das Gefühl habe, als würde etwas, das ich nicht kenne, mit etwas anderem, das ich nicht kenne, sprechen – durch mich. Für eine Person, die in einem unveränderlichen und begrenzten Ego feststeckt, wäre dieses Gefühl tödlich. Aber da ich persönlich die Vorstellung eines atomaren Selbst aufgegeben habe, halte ich das für den sichersten Indikator dafür, dass ich lebendig bin.«[19]

Wir sind es gewohnt, uns als individuellen Geschichtenerzähler:innen große Bedeutung beizumessen. Wir bilden uns (fort), haben unseren Stil, unseren spezifischen Blick auf die Welt. All das suggeriert uns: Unsere Perspektive, unsere Erzählung, unsere Narrative sind von großem Wert. Damit fällt ein ökologisch-gemeinschaftlicher Zugang zum Geschichtenerzählen schwerer. Odells Zugang macht es vielleicht leichter anzuerkennen, dass andersartige, vielfältige, unterschiedliche Protagonist:innen und Erzähler:innen auch unterschiedliche Zugänge zum Erzählstoff haben und dass verschiedene, differenzierte, vielleicht sogar widersprüchliche Positionen zu interessanten Veränderungen und neuen Blickwinkeln beitragen können – auch innerhalb einer Geschichte und auch ohne linearer »Entwicklung«.

Und gerade wenn wir uns als Geschichtenerzähler:innen in diesen unruhigen Zeiten erschöpft fühlen, spricht das für Kontaktaufnahmen jeglicher Art. »Es geht darum zu versuchen, vielstimmige Bezugs- und dadurch neue Wertesysteme zu schaffen. Eine mögliche Entgegnung auf Erschöpfung ist *Beziehung* und nicht Vereinzelung«, schreibt die Soziologin Franziska Schutzbach.[20] Das kann selbst beim Lesen passieren. Die eigenen beunruhigenden Gedanken in den Texten anderer wiederzufinden – auch in solchen ohne Lösungsorientierung –, stellt eine Beziehung her und beruhigt manchmal schon: Da ist noch so eine:r, die oder der denkt wie ich.

Kapitel 10

Ausgesetzt und ungewiss

Sich mit Unangenehmem bis Monströsem konfrontieren

»Glücklicherweise war ein Schutzmann in der Nähe, ich lief zu ihm und fragte ihn atemlos nach dem Weg. Er lächelte und sagte: ›Von mir willst Du den Weg erfahren?‹ – ›Ja‹, sagte ich, ›da ich ihn selbst nicht finden kann.‹ – ›Gibs auf, gibs auf‹, sagte er und wandte sich mit einem großen Schwunge ab, so wie Leute, die mit ihrem Lachen allein sein wollen.«

Franz Kafka, Gibs auf

»Wenn mich jemand fragt ›Wie geht's dir?‹, antworte ich gerne mit ›Schlecht‹«, erzählt der Psychiater Christian Haring im Interview für dieses Buch.[1] »Aber nicht ohne den Zusatz, dass ich mich einigermaßen wohl dabei fühle.«

Wenden wir uns kurz – abseits des medialen Geschichtenerzählens – dem persönlichen Kontakt zu. Auch darin kommunizieren wir meistens lieber das Positive: Ich bin gut drauf, ich habe keine Probleme und mache meinem Gegenüber keine. Dabei, sagt Haring, ginge es um einen offeneren Umgang miteinander. Und das gerade in Zeiten der Transformation, in der viele Menschen verunsichert sind und Ängste oder gar Urängste auf die gegenwärtige gesellschaftliche Situation mit Kriegen, Klima- und Wirtschaftskrisen projizieren. »Bei einem unserer Präventionsprogramme in Schulen ging es darum, aufmerksam zu werden auf die eigene psychische Gesundheit und die der anderen.« Es ging um die Sensibilität für ein gegenseitiges »Wie geht's dir *wirklich*?«, um die Sensibilität für Menschen in problematischen Lebensphasen. Um ein Sich-miteinander-Auseinandersetzen. Es zeigte sich, so erzählt Haring von dem Projekt: »Wenn man Gruppen dazu bringt, offen miteinander zu kommunizieren, merken alle, sie sind mit ihren Problemen nicht alleine.«

Wie lernen Menschen, mit Krisen umzugehen? Mit dieser Frage beschäftigt sich Christian Haring, Psychiater und heute medizinischer Geschäftsführer der Tirol Kliniken, in verschiedensten Funktionen schon sein ganzes Berufsleben lang. Die Resilienz ist in diesem Zusammenhang heute ein trendiges Konzept, das auch zum Prinzip unserer Leistungsgesellschaft passt, zum Beispiel, wenn von einem oder einer erwartet wird, noch »gestärkt« aus einer Krise herauszugehen. »Mir gefällt der Begriff der Salutogenese – ein ähnliches Konzept – besser, weil ich Arzt bin und in meiner Arbeit gerne die Frage stelle: Was muss passieren, damit jemand gesund bleibt? oder: Wie kann ich jemanden dazu befähigen, die eigenen Leistungsgrenzen besser zu erkennen?«, um nicht erst in Krankheit oder Krise handeln zu müssen, sagt Haring.

»Ich verweise, wenn es um sogenannte Stärken oder Schwächen von Menschen geht, gerne auf diese kleinen Zuckerpackungen, auf denen die positiven und negativen Eigenschaften von Sternzeichen aufgelistet sind: Da steht dann als gute Eigenschaft ›sparsam‹ und als schlechte ›Geiz‹.« Wo zieht eine:r da die Grenze? Darum gehe es praktisch immer in der therapeutischen Arbeit: »Den Menschen mit sich selbst anzufreunden. Jeder von uns muss lernen, mit beiden Seiten zu leben.«

Weniger als Held:in, findet Haring. Vielleicht eher wie ein:e Lebenskünstler:in?

Wir sind gegenwärtig, im Zeitalter des Anthropozäns, damit konfrontiert, uns unsere eigene Monstrosität als (westliche) Gesellschaften bewusst und begreiflich zu machen – dass uns das überfordert, ist kaum verwunderlich. Aber wie können wir damit leben und dabei arbeitsfähig bleiben?

Nicht zu fassen: Das Gefühl, ausgesetzt zu sein

Die Philosophin Cora Diamond hat einen Begriff parat, der beim Erzählen im Sinne einer *futures literacy*, also angesichts der Überzeugung, dass wir über uns hinauswachsen werden müssen, wollen wir der Zukunft gewachsen sein, nützlich oder immerhin tröstlich sein kann: jenen des »Ausgesetztseins«[2] (original: *»exposure«;* Diamond bezieht diesen Begriff wiederum von Philosoph Stanley Cavell). Die Monstrosität dessen, was wir innerhalb der planetarischen Gemeinschaft einander oder der Erde bereits zugefügt haben[3], einerseits zu begreifen und andererseits, diese Monstrosität zu thematisieren: Setzen wir uns damit auseinander, können wir dieses Ausgesetztsein, dieses Unbehagen spüren.

Diamond erinnert uns daran – sie spricht in diesem Beispiel vor allem von unserem Verhältnis zu den Tieren, denen wir in unserem Umgang mit ihnen ständig Leiden verursachen, etwa dadurch, dass wir sie schlachten und essen –, dass es in kritischen Situationen nichts gibt,

> »außer unserer eigenen Verantwortung – wir müssen auf uns selbst gestellt versuchen, das Beste aus der Situation zu machen. [...] Wir sind ausgesetzt – das heißt, wir sind darauf angewiesen, einen Modus vivendi zu finden, und der ist vielleicht bestenfalls eine bitter schmeckende Form von Kompromiss.«[4]

Diamond schreibt, wir hätten gerne die Fähigkeit zu erkennen, welche Behandlung der Tiere moralisch gerechtfertigt ist und welche nicht, doch es lassen sich keine »allgemeinen Prinzipien« ausmachen, wie wir mit unseren Monstrositäten ihnen gegenüber umgehen sollen, wir sind auf unser Verantwortungsgefühl zurückgeworfen. In unserem Umgang, eben beispielsweise mit den Tieren, geben wir vielfältige Antworten, alle mehr oder weniger gesellschaftlich akzeptiert: Manch eine:r lebt vegan, andere essen nur Fleisch von Tieren, die sie selbst imstande sind zu töten, wiederum andere verdrängen das Problem oder geben an, keines mit dem massenhaften Halten und industriellen Töten von Tieren zu haben etc.

Ich denke die Beschreibung dieser Situation lässt sich auf unsere Position als verantwortungsbewusste Geschichtenerzähler:innen in der Klima- und Biodiversitätskrise umlegen. Wären die Prinzipien klar, gäbe es einen gesellschaftlich anerkannten Kodex, wie wir uns »der Natur«, »den Tieren und Pflanzen«, »unseren Nachkommen« gegenüber oder einfach: als Mitglied unserer planetarischen Gemeinschaft zu verhalten haben, dann wäre ein Rahmen gesetzt. Wir wollen angemessen mit dem Dilemma umgehen, wissen aber nicht, was der Maßstab ist. So sind wir auf uns selbst zurückgeworfen, mit unserer eigenen Monstrosität umzugehen. Wie finden wir einen »Modus vivendi«?

Das Aushalten des Ausgesetztseins, die Konfrontation mit dem Unangenehmen, gehört dabei aus meiner Sicht zu unserem Lebendigsein, zum

An-der-Welt-Teilnehmen dazu. Erspart eine:r sich jegliche unangenehme Geschichte, jedes Bild, jede Begegnung, wird eine:r unaufmerksam gegenüber den Leben und Schicksalen anderer, die doch mit dem eigenen zusammenhängen. (Umgekehrt täten wir gut daran, darauf zu achten, dass wir uns dem Monströsen nicht in einer Intensität aussetzen, die uns zermürbt, ausbrennt oder handlungsunfähig macht.)

Die Reaktion mancher Geschichtenerzähler:innen – eben auch in Form eines konstruktiven Journalismus – auf das Ausgesetztsein ist ein reflexartiges Umschalten in den Problemlösungsmodus im Sinne von: Welche Maßnahmen sind zu ergreifen? Was ist »richtig«, was »falsch«? Doch das sei gar nicht immer hilfreich, so die Soziologin Franziska Schutzbach, die in ihrem gleichnamigen Buch von einer »Erschöpfung der Frauen«[5] schreibt:

> »Ich glaube, wir müssen erst mal diese Erschöpfung analysieren, das heißt beim Negativen bleiben und nicht gleich mit der optimalen Lösung daherkommen wie viele Ratgeber. [...] Sich bewusst zu werden, dass es kein individuelles Problem ist, sondern eine kollektive Erfahrung.«[6]

Das Aushalten dieser Erschöpfung, wie Schutzbach es nennt, dieses Ausgesetztseins, birgt somit auch eine Kraft: die Kraft, aufmerksamer, verantwortungsbewusster, solidarischer miteinander umzugehen. Wenn wir angesichts der Klimakrise vor lauter Ausgesetztheit zitternd bloß bang in den im Kapitel »Sich mit dem anderen verwandt machen« vorgestellten *armchairs* sitzen, dann spricht das nicht für unsere Umsicht und Rücksicht, sondern eher dafür, dass wir uns mit anderen Mitgliedern der planetarischen Gemeinschaft nicht gerade verwandt gemacht haben. Menschen anderer Zeiten und anderer Orte haben Katastrophen unvorstellbaren Ausmaßes erlebt, die wir aus unserem eurozentrischen Blickwinkel bloß nur selten als solche überhaupt erkennen – oder anerkennen.

Das Bewusstsein, dass die Klima- und Biodiversitätskrise und mit ihr unumkehrbare Veränderungen im Gange, Ewigkeitsaufgaben längst gestellt sind, macht die Sache einerseits bedrohlicher, andererseits wird das Unbehagen, das das Monster – eigentlich: unsere eigene Monstrosität – in uns auslöst, durch die Beschäftigung mit ihm manchmal ein bisschen kleiner. Verschwinden wird es nicht.

Auch Psychiater Haring sagt: Sich *nicht* mit dem Unangenehmen zu konfrontieren sei keine Option, an Geschichtenerzähler:innen appelliert er, »Katastrophen zu beschreiben, ohne sie zu bewerten«. Und dabei mit möglichst neutralen Begriffen zu operieren: Deshalb ist aus seiner Sicht beispielsweise dem Begriff »Suizid« vor dem skandalisierenden »Selbstmord« und dem tendenziell verharmlosenden »Freitod« der Vorzug zu geben.

Wollen wir gegen Ende dieses Buches also erkunden, wie wir persönlich und in unserem Schreiben mit dem Unbehagen oder der Angst unseres Ausgesetztseins umgehen können. Wie können wir in pädagogischen oder medialen Kontexten das Potenzial der Solidarität vermitteln – und in welcher Form, in welchen Dosen sind Rezipient:innen entsprechende Informationen zumutbar? Welche Strategien gibt es, um diese Informationen und die daraus womöglich resultierenden Einsichten erträglich zu machen?

Stichproben des Ausgesetztseins

Kommen wir zuerst noch einmal zurück auf das Gefühl des Ausgesetztseins, das wir womöglich in unterschiedlicher Intensität verspüren, ein bisschen, wenn eine:r sich aus der eigenen Komfortzone hinausbewegt, heftiger, wenn eine:r sich mit Monstrositäten konfrontiert. Oder, wie Diamond schreibt, »sobald wir schaudernd der Gleichzeitigkeit von Tod und Leben innewerden«.[7]

Derartige Konfrontationen sind immer wieder in den Arbeiten von Künstler:innen, Autor:innen, Wissenschaftler:innen dokumentiert. Stichprobenartig vielleicht auch in dem Sinn, dass sie einer oder einem einen Stich versetzen, seien hier drei Beispiele aufgegriffen, in denen die Urheberinnen sich und uns auf verschiedenen Ebenen – planetarisch, gesellschaftlich, persönlich – mit Monstrositäten konfrontieren.

***

> »Mein Handy läutet. Meine Mama ruft an. ›Papa ist tot. Er hat sich erschossen.‹ Ihre Stimme klingt ein bisschen zittrig und unglaublich erschöpft. Für ein paar Sekunden bleibt alles stehen, bis es mir den Hals zuschnürt. Ich drehe mich im Zeitlupentempo. Rechts neben mir ist eine Tafel. Darauf steht mit weißer Kreide das Tagesangebot geschrieben, jemand hat in hellblau

> eine Kaffeetasse und kleine Blümchen dazugemalt. Links von mir sitzt ein Paar in Ohrensesseln. Sie halten beide eine Zeitung in der Hand. Er liest, sie redet. Ich sehe, wie sich ihre Lippen bewegen. Neben ihnen sitzt ein junger Mann. Er hat eine Schiebermütze auf, eine Tasse in der Hand und blickt aus dem Fenster. Alle machen weiter wie bisher. In meinen Ohren rauscht es.«

In ihrem autobiographischen Buch *Papa hat sich erschossen* (2014) thematisiert die Journalistin Saskia Jungnikl-Gossy den Suizid ihres Vaters im Sommer 2008. Es gelingt ihr damit, im deutschsprachigen Raum eine Debatte über das Ob und Wie der Berichterstattung über Suizide anzustoßen. Das Buch enthält sehr persönliche Schilderungen ihres Familien- und später Erwachsenenlebens, die Charakterisierung ihres Vaters und ihres Verhältnisses zu ihm, Gedichte des Vaters und Aufzeichnungen ihrer Mutter. Sie erzählt, wie sich die Familie nach dem Suizid zum ersten Mal wieder in ihrem Elternhaus im österreichischen Burgenland trifft. Mit Geschwistern und Mutter sitzt sie auf Gartenmöbeln in jenem Hof, in dem sich wenige Tage zuvor der Vater unter dem großen Nussbaum erschossen hat, ein dunkler Fleck ist am Kies noch sichtbar. Die Mutter erzählt, dass sie den Vater gesucht habe:

> »Sie läuft durch das ganze Haus, sie spürt, wie ihre Angst wächst. Als sie sieht, dass die Tür zum Schlafzimmer ein Stück offen steht, weiß sie, dass etwas passiert ist. [...] Mir wird alles zu viel. Die Sonne scheint, die Vögel zwitschern, die Katzen streichen um unsere Beine. Es ist ein schöner Sommertag, und in mir ist so eine unglaubliche Diskrepanz zwischen dem, was ich sehe, und dem, was ich spüre, und dem, was ich zu glauben weiß, dass ich es kaum aushalte.«[8]

Sie schreibt, dass die Familie sich in der Situation behilft, indem sie Witze machen. »Der Sarkasmus wird unser Schutzschild«, analysiert Jungnikl-Gossy.

> »Dann fängt wieder jemand an zu weinen, und der Schrecken kommt zurück. Es ist eine merkwürdige Unterhaltung, die wir im Hof führen. Konzentriert und rastlos zugleich, wir weinen, wir lachen, manchmal schaut jemand auf den dunklen Fleck. Es ist anstrengend und sehr wichtig.«[9]

***

> »Vom afrikanischen Kontinent entführt und versklavt, stand der Mann, der als Angelo Soliman bekannt wurde, schließlich im Dienste des Fürsten von Liechtenstein. Unmittelbar nach seinem Tod, sehr wahrscheinlich aufgrund eines Schlaganfalls, wurde sein Körper ausgestopft und daraufhin ausgestellt.«[10]

Als unfassbare Monstrosität trifft eine:n das Faktum, dass ein Mensch im Wien um 1800 zu Schauzwecken ausgestopft und ausgestellt wurde. Die Tochter des Mannes – vermutlich stammte er aus Nigeria, sein tatsächlicher Name wird heute als Mmadi-Make angegeben[11] – Josefine Soliman erhob vehementen »Einspruch gegen die Verfügung der kaiserlichen Beamten, ihren Vater nach seinem Tod als Museumsobjekt zur Schau zu stellen«.[12] Vergeblich. 1848 wurde der Körper bei einem Brand in einem Kuriositätenkabinett vernichtet.

Die Künstlerin Belinda Kazeem-Kamiński setzt sich in ihrem Werk *In Remembrance to the Man Who Became Known as Angelo Soliman (ante mortem) I and (post mortem) II* (2015) damit auseinander: Sie zeigt in einem fotografischen Diptychon Gegenstände, die Soliman/Mmadi-Make zugeschrieben wurden, zu Lebzeiten und nach seinem Tod. Diese Objekte sind in Schaukästen auf rotem Samt dargestellt, während die objektifizierte Person abwesend ist.

Kazeem-Kamiński macht damit darauf aufmerksam, dass museale Darstellungsformen häufig von einem voyeuristischen Zwang und von rassistischen Vorurteilen geprägt sind. Sie will diese nicht wiederholen.

Ausstellungen – auch sie sind eine Art erzählter Geschichten – erfüllten schließlich eine kulturelle Funktion: Sie erhalten unser westliches Konzept einer »Zweiteilung«, unsere auf Dichotomien basierende Ideologie aufrecht, indem sie »hier/dort, wir/die Anderen, das Bekannte/das Fremde, Kultur/Natur« als einander gegenüberliegend positionieren, anstatt vielfältiger, facettenreicher, nuancierter zu denken. Kazeem-Kamiński hinterfragt »skopische Regime«, also die Machtstrukturen visueller Darstellungen, und kommt zum Schluss, »dass der Blick niemals unschuldig ist«.[13] Die Künstlerin erläutert:

Bild 1 Belinda Kazeem-Kamińska, In Remembrance to the Man Who Became Known as Angelo Soliman, (Ante Mortem) I, 2015, © *Bildrecht, Wien 2024*

> »Es geht nicht um den Blick an sich. Es geht um die Art, wie die Handlung des Schauens mit Wissensproduktion verbunden und zu einem mächtigen und gewaltvollen Mittel der Klassifizierung wird. Skopische Regime sind strukturell eingebettet, und doch werden sie unsichtbar gemacht und in der Folge normalisiert.«[14]

Kazeem-Kamińska bezieht sich in dem Zusammenhang – neben *In Remembrance to the Man Who Became Known as Angelo Soliman I and II*, in der dieser Mann selbst eben *nicht* dargestellt ist, – auf eine (andere) Arbeit des Totenwachens, *wake work*, wie Literaturwissenschaftlerin Christina Sharpe eine solche Praxis nennt: »bewusst bei dem zu bleiben, was schmerzt«, solche Momente immer wieder gedanklich zu »umkreisen«, dabei aber »nicht nur dadurch definiert zu sein«.[15]

***

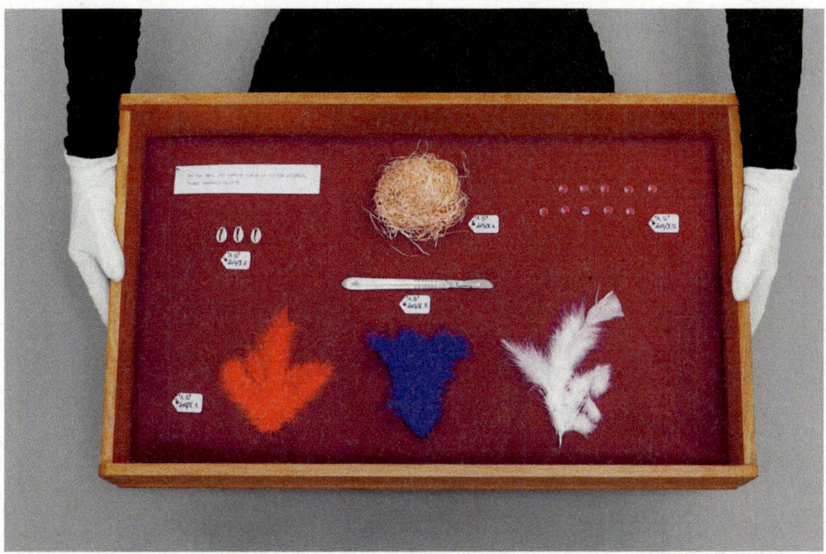

Bild 2 Belinda Kazeem-Kamiński, In Remembrance to the Man Who Became Known as Angelo Soliman, (Post Mortem) II, 2015, © *Bildrecht, Wien 2024*

> »Beim Versuch über Altlasten zu sprechen, wird deren Monstrosität bald greifbar. Altlasten sind seit den 1980er Jahren zunehmend in den Blick geraten, es gibt sie – zumindest im Sinne langfristiger, anthropogener problematischer Veränderungen von Ökosystemen – allerdings schon sehr viel länger. Sie stellen eine massive Hypothek auf die zukünftige Entwicklung dar. Altlasten entstehen entlang der ganzen Wertschöpfungskette extraktiver Industrien und entfalten eine besondere Problematik dort, wo sie im Zusammenhang mit militärischen Unternehmungen stehen.«[16]

Die Umwelthistorikerin und Chemikerin Verena Winiwarter, die in ihrer Arbeit auch immer wieder auf die Dimensionen und Gefahren des Klimawandels hinweist, schreibt in ihrem Artikel Umweltgeschichte verstummt in Plutopia (2021), dass wir schon jetzt in einer monströsen Gegenwart leben. Und sie hadert darin mit der Schwierigkeit, diese Monstrosität mit jenen sprachlichen Mitteln, die uns zur Verfügung stehen, auszudrücken. Ein Beispiel seien eben die genannten Altlasten, die wir ererben und weitervererben: Wir geben sie und damit eine nicht fassbare Verpflichtung an unsere Nachkommen weiter, schränken damit deren Handlungsspielraum in der Zukunft ein. Winiwarter: »Das Ausmaß des Altlastenproblems wird massiv unterschätzt [...], weil es ungeheuerlich ist.«[17] Sie berichtet von radioaktiven Abfällen in den USA und Russland und deren Auswirkungen in den Zwischenlagern, weil ein Konsens über ihre Endlagerstätten nicht herstellbar sei, oder auch von Altlasten stillgelegter Kohlebergwerke im Ruhrgebiet, mexikanischer Silber- und kanadischer Goldminen:

> »Über dem Grundwasserreservoir der Stadt Yellowknife in Kanada liegt Giant Mine, eine seit dem Jahr 2004 geschlossene Goldmine, die ab 1948 etwa 218 Tonnen Gold produzierte. Die Betreiberfirma ging 1999 in Konkurs, wodurch alle Sanierungskosten von der Öffentlichkeit getragen werden müssen. Beim Goldabbau entstanden über 237.000 Tonnen Arsentrioxid, da das Gold dort in Erzkörpern von Arsenopyrit (FeAsS) gebunden ist. Die meisten Formen von Arsen sind giftig, und anorganische Arsenika sind krebserregend.«[18]

Nun trägt der Klimawandel zum Auftauen des Permafrostbodens vor Ort bei. Deshalb wurden »Thermosiphons« installiert, die den in den unterirdischen Minengängen lagernden Arsentrioxidstaub mit einer Frostschicht isolieren, damit das wasserlösliche Gift nicht ins Grundwasser kommt. Angeblich arbeiten diese Wärmetauscher wartungsfrei, schreibt Winiwarter. Sie weist aber darauf hin, dass Arsenik in Wasser gelöst farb-, geruchs- und geschmacklos ist, ein Austritt also kaum auffallen würde, schon gar nicht irgendwann in der Zukunft, wenn keine:r sich mehr an die einstige Mine erinnert – und auch durch vergiftetes Trinkwasser verursachte Erkrankungen schwieriger darauf zurückzuführen wären.[19]

Mehrfach geht Winiwarter in ihrem Text darauf ein, wie die Monster dieser und unzähliger anderer Altlasten weltweit sich einer (verbalen) Beschreibung entziehen – jedenfalls in wissenschaftlich-dokumentarischen Texten.[20] Aus ihrer Sicht leisten einzelne Literat:innen, etwa Christa Wolf mit *Störfall* (1987), »Pionierarbeit«, wenn sie »das Unsagbare, das Monströse, das Ungeheuerliche, die Monster, die Heerscharen von Frankensteins in die Welt gesetzt haben, in Worte bringt, die nicht verschleiern, worum es sich handelt«.[21]

Winiwarter weist im persönlichen Gespräch über ihren Text[22] auf etwas hin: Während wir, die westliche Welt, andere Katastrophen selbst verursacht, als Täter:innen Monster selbst erschaffen haben, uns selbst davor aber stets in Sicherheit bringen konnten, geht vielen von uns die Klimakrise nun unter die Haut, weil wir diesmal Täter:innen *und* Opfer gleichzeitig sind.

Im Sinne einer Schweigeminute, einer Intervention wider die Flüchtigkeit jener Momente, in denen die Monstrosität zu uns durchdringt und wir uns nicht davor drücken können, das Unbequeme auszuhalten, bleibt hier symbolisch eine Seite leer.

Beim Lesen wie beim Erzählen: Das Ausgesetztsein gehört dazu

Sich mit Monstrositäten auseinanderzusetzen, zwingt eine:n – auch wenn diese Auseinandersetzung beruflich passiert – oft persönlich in die Ausgesetztheit, in ein sehr privates Unbehagen. Keine:r von uns ist imstande, sich dem Monströsen ständig auszusetzen. Oft schieben wir entsprechende Schilderungen, Informationen, Geschichten weg. Doch gerade als verantwortungsbewusste Geschichtenerzähler:innen verpflichten wir uns, uns *auch damit* zu konfrontieren und gemeinsam – etwa entlang der Gedankengänge Winiwarters – weiterzuüberlegen, wie sich Monstrositäten angemessen darstellen lassen.

»Wie Bachmann sagte, ›Die Wahrheit ist den Menschen zumutbar‹«, so Regisseur Michael Haneke in einem Radio-Interview 2022[23]. »Ob man die Menschen [damit, Anm.] erreichen kann, bin ich mir nicht so sicher, aber man muss es versuchen.« Er will in seinen – zugegebenermaßen fiktiven – erzählerischen Arbeiten dem Publikum Interpretationsspiel einräumen: »Nicht diese dämliche Erklärungsdramaturgie wie in den Fernsehspielen, wo jede Frage, die gestellt wird, sofort drei Mal beantwortet wird, aus der Angst heraus, dass ja der Zuschauer das nicht verstehen könnte.« Denn: »Der Film findet nicht auf der Leinwand statt, sondern im Kopf des Zuschauers. [...] Ein Buch oder Film, der sich selbst erklärt, ist ein toter Film.«[24]

Künstlerin Belinda Kazeem-Kamiński kommt, wie vorhin erwähnt, zum Schluss, »dass der Blick niemals unschuldig ist« – nicht der des Publikums, nicht der der Geschichtenerzähler:innen. Es geht wieder darum, Verantwortung zu übernehmen, darum, von anderen für das eigene Verhalten, den eigenen Blick zur Rechenschaft gezogen werden zu können (im Sinne der englischen *accountability*), und und natürlich auch von sich selbst. Hanekes Argument – als Künstler selbst immer wieder aufgrund seiner provokanten Bilder in der Kritik –, lautet:

> »Ich will den Zuschauer ernstnehmen. Ich will ihn nicht einlullen müssen mit irgendwelchen Lügen. [...] Das ist eine Grundvoraussetzung, dass man von Kunst reden kann: dass der Produzent den Rezipienten als Mensch ernst nimmt, und zwar so ernst, wie er auch selber in der Lage ist, ernst genommen werden zu wollen.«[25]

Ich werte das als einen Antrieb weg von der Zentralperspektive und hin zum Respekt, und zwar sowohl den Porträtierten oder Dargestellten gegenüber als auch den Rezipient:innen. Doch was, wenn uns Geschichtenerzähler:innen dabei die Luft ausgeht? Wenn wir selbst von *climate anxiety* oder anderen Stressoren erfasst werden?

»Wut, Empörung, Selbstzweifel, Zerrissenheit und Hadern – und nicht ausgeglichene Gefühlslagen – sind der Ausgangspunkt für Aufbegehren und Veränderung«, schreibt Schutzbach.[26] Gerade Texte, künstlerische Werke und andere Dokumente können Ausdruck eines Ausgesetztseins sein. Sich ausgesetzt zu fühlen können wir in diesem Zusammenhang auch als das Gefühl verstehen, dass wir unserer Verantwortung gar nie gerecht werden *können*, dass wir anderen angemessene oder tragfähige Antworten schuldig bleiben *müssen*. Unsere Antworten bleiben immer nur Versuche. Doch feit uns das nicht davor, immer wieder aufs Neue zu überlegen: Nach welchen Antworten sollten wir uns zumindest auf die Suche begeben? Welche Antworten sind wir der planetarischen Gemeinschaft als ihre Mitglieder schuldig?

Vom Suppekochen, von *climate anxiety* und dem Aushalten von Ambivalenz

Sie stricke, um »arbeitsfähig« zu bleiben, erzählte mir die Umwelthistorikerin Verena Winiwarter bei unserem Interview 2021. Und Winiwarter strickt noch immer. Eskapismus, eine Realitätsflucht, sieht sie darin nicht; stattdessen lehre sie diese Beschäftigung, die eigenen Unzulänglichkeiten zu akzeptieren. Wenn ihr ein Fehler im Strickmuster passiert, ist das »ein Symbol dafür, dass unsere Gesellschaft fehlerfreundlicher agieren müsste«.[27]

»Was auch immer jemandem hilft, das muss jeder selbst bestimmen«, sagt Psychiater Haring, aber etwas »Meditatives wie Stricken« habe jedenfalls eine beruhigende Wirkung, die, wenngleich medizinisch nicht anerkannt, selbst er als Agnostiker etwa auch in der monotonen Wiederholung des Rosenkranzbetens erkenne. Es geht dabei nicht darum, vor den Dingen, mit denen eine:r sich beschäftigt oder belastet sieht, davonzulaufen, ihnen auszuweichen. Eher braucht es immer wieder Auszeiten, Pausen, bevor die Gedanken wieder auf Wanderschaft gehen können, »Verstand und Imagination zu trainieren«[28], wie Donna Haraway es mit Hannah Arendt und Virginia Woolf formuliert.

In welcher Form sie diese Praxis umsetzt, das beschreibt Elizabeth Sawin, Wissenschaftlerin und Gründerin einer Plattform, die sich dem im vorherigen Kapitel vorgestellten Konzept des *multisolving* widmet, in einem Newsletter vom Oktober 2023 – und sie erzählt darin auch von ihrem Hadern beim Schreiben mit *climate anxiety*:

> »Ich habe ein bisschen damit gerungen, diesen Newsletter zu schreiben. Ich fing an und hörte auf, wählte Themen aus, nur um sie immer wieder zu verwerfen. Der Newsletter schien von schlechten Nachrichten handeln zu ›wollen‹. Da ist diese neue Studie, die festgestellt hat, dass sechs von neun planetarischen Grenzen überschritten worden sind. Da ist die Zusammenstellung der Indikatoren für den Klimawandel, die aus den Fugen geraten sind. ›Das kann ich nicht abschicken‹, sagte die Stimme in meinem Kopf. ›Menschen, die sich für Multisolving interessieren, wollen aktiv werden und sich nicht in Verzweiflung suhlen.‹ Also verließ ich den Schreibtisch. Stattdessen schnippelte ich Gemüse für eine Suppe. Zwiebeln, Knoblauch, Süßkartoffeln, Paprika und Bohnen, alles aus unserem üppigen Spätsommergarten. Ich zog meine Gummistiefel an und ging in den Regen hinaus, um Petersilie und Basilikum zu zupfen.«[29]

Sie kocht also Suppe (in einem großen Topf, auch so eine Art von Tragetasche) und findet heraus, während sie Karotten schneidet: Sowohl die beängstigenden Langzeittrends, die uns Wissenschaftler:innen über Zustand und Entwicklung unseres Planeten vermitteln, als auch der Trost, den wir vielleicht in ganz konkreten Kleinigkeiten unseres Alltags finden – beides ist »wahr«, beides muss Platz haben in unseren Leben. Das eine schließt das andere nicht aus. Ambivalenzen existieren, sie machen unsere Welt aus. Sawin hat für sich selbst herausgefunden, dass sie eine ausgewogenere Sichtweise erlangt, wenn sie sich an kleinen, erfreulichen Alltäglichkeiten anhält.

Sie beschreibt damit übrigens gerade *nicht* eine Perspektive im Sinne eines »Alles wird gut«, sondern eine Perspektive aufs Leben, die eine:n beziehungsfähig (in dem Sinne, dass wir Beziehungen pflegen, unsere Verantwortungen in Beziehungen wahrnehmen können) und arbeitsfähig, betriebsam hält. Nicht, um zwanghaft weiterhin »leistungsfähig« zu sein, sondern um bei Kräften zu bleiben, auch im Dilemma, in der Ambivalenz, im Ausgesetztsein, in der Ungewissheit. Auch unter Widrigkeiten eine Balance zu finden, innerhalb derer eine:r es dennoch erträgt, unruhig zu bleiben.

Wie gehen wir im Schreiben mit dem Ausgesetztsein um?

Auch wenn wir einen Text schreiben, egal zu welchem Thema, spüren viele von uns dabei ein »kleines« Ausgesetztsein – das weiß ich aus eigener wie der Erfahrung vieler anderer Autor:innen, die ich beim dokumentarischen Schreiben begleiten durfte. Beim Recherchieren, Konzipieren und dann Aufschreiben eines längeren Textes sind da schließlich jedes Mal aufs Neue gewisse Unwägbarkeiten präsent: Werde ich es schaffen, die in der Recherche aufgesammelten Puzzleteile sinnvoll zusammenzusetzen? Bringe ich die Geschichte »auf den Boden«, wie es gern heißt, schaffe ich es also, in der Luft hängende Phänomene, Annahmen zu be- oder widerlegen, Fragen zu beantworten? Wird der Text so lang wie von der Redaktion vorgegeben und komme ich mit der Zeit aus, die ich zur Verfügung habe?

Mir hilft es in dieser Situation immer wieder, mir in Schleifen anhand jenes Erkenntnisinteresses, jener Frage, die meinem Text die Richtung vorgab, zu überlegen und gegebenenfalls zu adaptieren, was für die jeweilige Erzählung nun relevant ist (und was nicht), dabei Ausrichtung, Verlauf und Schlusspunkt des Textes vor Augen zu führen und gegebenenfalls anzupassen. Manchmal will eine:r als Autor:in auch zu viel mit einem Text, als sie oder er dann in Recherche und Umsetzung überhaupt schaffen kann – dann lässt sich immerhin die eingangs gestellte Frage noch abändern, der gesteckte Anspruch herunterschrauben (so die Redaktion nicht Einspruch erhebt, weil ihr anderes versprochen wurde).

Ein verhältnismäßig kleines Ausgesetztsein im Vergleich zu *climate anxiety* oder *ecological grief* also, könnte eine:r sagen. Beides im Blick behaltend, wollen wir auch im dokumentarischen Schreiben und Vermitteln arbeitsfähig bleiben. Unsere Arbeits- und professionelle Beziehungsfähigkeit haben hohe Wichtigkeit – gerade in unseren Berufen des verantwortungsbewussten Kommunizierens, der uns in ungewissen

Zeiten unentbehrlich macht. Die Literatur- und Kulturwissenschaftlerin Doris Bachmann-Medick schrieb während der Covid-Pandemie von der Relevanz solcher »Translatoren« wie wir es sind:

> »Es sind die sehr unterschiedlichen Sprachen und Diskurse, wie sie in der Gesellschaft oft unvermittelt nebeneinander existieren. Expertensprachen, Wissenschaftssprache, politische und juristische Begriffe, die sich immer mehr von der Alltagssprache der Bürgerinnen und Bürger entfremden: als erfahrungsferne Fachsprachen, die in die erfahrungsnahe Sprache der Lebenswelten ›übersetzt‹ werden müssten. Das ist keine Frage der Fremdsprachenübersetzung, nein: Es ist eine Frage der Übersetzung zwischen diskursiven Sphären und den entsprechenden Narrativen in ein und derselben Gesellschaft. [...] Der Übersetzungshorizont müsste ausgedehnt werden, um die Augen zu öffnen für stets mitlaufende Leitnarrative, für Bezugspunkte, Zielvorstellungen und Weichenstellungen. Denn gerade solch übergreifende, oft normative Dimensionen sind in gesellschaftlichen Übersetzungsvorgängen immer im Spiel.«[30]

Das spricht sehr dafür, unsere Narrativnaivität aufzugeben und die Art und Weise, wie wir Geschichten erzählen, zu hinterfragen – oder sie für unsere Leser:innen transparent zu machen. Denn: Wir können Ambivalenz aushalten, wir können uns mit Komplexität beschäftigen und versuchen, sie zu erfassen (wenngleich deren Dokumentation immer irgendwie unvollständig, manchmal unbefriedigend bleibt). Nichts ist ein für alle Mal aufgelöst, erledigt oder »gut«, jedes Ergebnis hat ein Vorher und ein Nachher, jede Antwort ist ein Versuch. Alles Zusammenleben ist auch ein Sich-Zusammenraufen, oft aber ohne den einen hochzustilisierenden Konflikt. Missverständnisse, Ratlosigkeit oder Ungewissheit gehören dazu.

Wir wollen doch eigentlich Geschichten erzählen, wie das Leben, wie das Ökosystem sie schreibt. Lassen Sie uns doch darauf achten, welchen Subtext wir in unseren Geschichten miterzählen. Mit diesem Buch wollte ich eine Art und Weise, wie wir das konkret tun können, skizzieren: eine ökologische Art des Schreibens, des Sehens, des Denkens, des Weltbezugs. Ich bin gespannt, welche Anregungen Sie dazu auf Lager haben.

Kapitel 11

Alles schön ordentlich und sauber?

Unsere Zukunft ist wie unsere Gegenwart: *messy!*

»All I know is to have faith in the complete unpredictability of what comes next.«

Leah Lakshmi Piepzna-Samarasinha, The Future Is Disabled

»Keep it light and keep it moving.«

Radiohead, Present Tense

Die Hypothese dieses Buches lautete: Als Geschichtenerzähler:innen wie als Menschen unserer Zeit wollen wir bei Kräften bleiben. Doch dazu müssen wir an uns selbst rütteln: Sind wir narrativnaiv? Erzählen wir einander Geschichten von Held:innen, Happy Ends und Nachhaltigkeit – obwohl wir unsere Zukunft gar nie in Sicherheit bringen können?

Immerhin: Zu erkennen, dass schon unsere Gegenwart *messy* ist – und damit meine ich: unordentlich, komplex, artübergreifend, interdisziplinär, fehlerhaft, unberechenbar, verworren, mehrdeutig, ambivalent, erprobend, schmutzig, chaotisch –, verringert das Unbehagen am Ausgesetztsein um eine Spur, weil eine:r merkt: Ich kann, ja, ich *muss* diese *messiness*, diese Unordnung, die jedem Ökosystem innewohnt und andauernd passiert, auch schon im Hier und Jetzt ertragen. Denn, natürlich, wir können immer wieder – zum Beispiel in unseren Geschichten – versuchen, »Ordnung« herzustellen. Von Bestand wird sie aber nicht sein, solange lebendige Prozesse auf diesem Planeten passieren.

Hier folgt deshalb nun – als Anknüpfungspunkte – eine kompakte Liste von Praktiken, die meiner Art des ökologischen Erzählens verwandt sind und die jeweils auf ihre ganz eigene Art und Weise *messy* sind – jedenfalls aber in dem Sinne, dass sie alte, tradierte Ordnungen wie den Held:innenmythos durcheinanderbringen, infrage stellen und neue Beziehungen herstellen. Sind Beziehungsarbeiter:innen am Werk, geht es immer *messy* zu. Ihre Praktiken liefern übrigens die Evidenz, dass ökologisches Erzählen bereits passiert:

- Nicht nur der Journalismus, auch künstliche Intelligenz (KI) benötigt mehr Diversität unter Geschichtenerzähler:innen, Informant:innen und Protagonist:innen – um repräsentative Entscheidungen treffen oder Antworten geben zu können: Davon berichtet Alexandra Ebert, Expertin für den verantwortungsvollen Umgang mit KI beim Unternehmen Mostly AI. Schließlich wird künstliche Intelligenz mittels *machine learning* trainiert – und sind die im World Wide Web auffindbaren Inhalte und Geschichten zu einseitig *männlich* oder zu einseitig *weiß* geprägt, verfälscht dies das Ergebnis und verringert so die Verlässlichkeit der KI. Ebert berichtet etwa von einem konkreten Beispiel, bei dem Frauen von Kreditkartenunternehmen nach Prüfung durch deren KI (bei identen Angaben) nur ein deutlich kleinerer Kreditrahmen im Vergleich zu männlichen Kunden gewährt wurde.[1]
- Unter dem Titel »Reporting on Long Covid Taught Me to Be a Better Journalist«[2] fasst der Journalist Ed Yong im Herbst 2023 zusammen, was er für seine Arbeit aus der Berichterstattung über die Pandemie gelernt hat – ähnlich der Methode, die ich im Kapitel »Der Bottom-up-Zugang« vorstelle. Etwa im Umgang mit Informant:innen: »Ein einstündiges Gespräch kann jemanden tagelang außer Gefecht setzen. Im Bewusstsein dessen habe ich angefangen, den Leuten im Voraus zu sagen, dass sie das Gespräch bei der geringsten Andeutung, dass ihre Gesundheit darunter leiden könnte, beenden und neu ansetzen können – und einige haben diese Reißleine gezogen.«[3] Um auch an solche vulnerablen, medial wenig präsenten Stimmen zu gelangen und sie in die Öffentlichkeit zu holen, braucht es die Einsicht, dass die eigene Deadline vielleicht nicht der einzig entscheidungsleitende Parameter einer Geschichte sein muss. Oder, dass es im Fall von kurzatmigen Long-Covid-Patient:innen auch schriftliche Interviews täten, wenngleich Yong wie viele Journalist:innen eigentlich Anhänger des (fern-)mündlichen Interviews ist. Und hier wird es *messy*, Yong weicht von einer Usance ab:

»Gute Journalisten bewahren eine gesunde Distanz zu ihren Quellen, aber dieser professionelle Standard kann in Gefühllosigkeit umschlagen: Unabhängig zu bleiben kann leicht zu einem ›Ich verhalte mich so, wie ich will, und ihr müsst damit zurechtkommen‹ werden. Bei Long Covid beuge ich mich den Bedürfnissen meiner Quellen, nicht umgekehrt.«[4]

Wollen wir die Stimmen von mehr vulnerablen Personen in den Medien lesen und hören, von Frauen, Minderheiten, Persons of Colour, können wir nicht ewig denken: Sie wollen ja nicht interviewt werden, sie wollen sich einer Konfrontation (auf deren Prinzip etwa viele TV-Diskussionsformate basieren) nicht stellen etc. Stattdessen könnten wir uns auf die Bedingungen unserer Informant:innen einlassen, auch wenn sie vielleicht (noch) nicht üblich sind, und Formate abändern, wenngleich das zunächst ungewöhnlich scheint. Damit dürfte eine:r aber freilich nicht vor lauter Empathie jegliche journalistische Standards – wie Sorgfalt oder Präzision – über Bord werfen und etwa auf das Hinterfragen eigener Interpretationen oder den Faktencheck von Informant:innen-Angaben verzichten, schreibt Yong, denn: »Being empathetic doesn't mean abandoning rigor.«[5]

- Die Klimawissenschaftlerin Friederike Otto beschreibt das junge Feld der Zuordnungswissenschaft in ihrem Buch *Wütendes Wetter*: Um Extremwetterereignisse dem Klimawandel zuordnen (oder auch: dessen Einfluss darauf widerlegen) zu können, vergleichen sie und ihr Team Daten einer virtuellen Welt, in der der menschenverursachte Klimawandel nie stattgefunden hat, mit den reellen Daten reeller Orte, an denen etwa Überschwemmungen oder Dürren passieren. Sie versucht damit einen in der Forschung sonst unüblichen Spagat: Eine:r will um jeden Preis wissenschaftlich gewissenhaft arbeiten, sieht sich aber einem höchst drängenden und komplexen Phänomen gegenüber, dem mit etablierten Mitteln und Methoden nicht beizukommen ist. Dabei ist es Ottos Ziel, »die Klimawissenschaft aus der Zukunft in die Gegenwart zu holen«.[6] Sie will möglichst in Echtzeit fundierte Daten dazu liefern, ob ein Wetterereignis dem Klimawandel zuzuordnen ist oder eben nicht. Sie bricht deshalb (vorübergehend) mit einzelnen wissenschaftlichen Traditionen – um schneller zu sein: »Denn nur so können wir die

Debatte beeinflussen und den Menschen ein Gefühl dafür geben, dass der Klimawandel kein Phänomen der Zukunft ist, sondern sich schon heute abspielt – vor unseren Augen und in unseren Vorgärten.«[7]

- Tiere, die Widerstand leisten? Solche stellt der Philosoph und Künstler Fahim Amir in seinem Buch *Schwein und Zeit* (2018) vor. Wider die Romantisierung der Natur schreibt er von Tauben, die sich urbanen Raum aneignen – unter anderem indem sie »auf alles scheißen« –, von Sauen, die im Kastenstand womöglich Suizid begehen, von Sperlingen, die Zigarettenstummel in ihre Nester einbauen, weil Nikotin Parasiten vertreibt, oder von jenen Schweinen Ende des 19. Jahrhunderts im US-amerikanischen Cincinnati, die sich aufgrund ihrer körperlichen Nicht-Normierbarkeit der maschinellen Tötung und Zerlegung widersetzten. Zu so einem Widerständler zählt – obwohl in Amirs Buch nicht erwähnt – wohl auch der Biber, der (wieder) ein bisschen Chaos in die Kulturlandschaft bringt.
- Selbst Eis kann wunderbar *messy* Geschichten erzählen. Die Filmemacherin Iva Radivojević gibt dem Element in der halbstündigen Dokumentation *Utuqaq* (2021) eine Stimme, die Kalaallisut spricht, die Amtssprache Grönlands. Die Erinnerung von Eis reicht Millionen von Jahre zurück. Bohrkerne aus Gefrorenem können Auskunft geben über die chemische Zusammensetzung der Luft oder das Vorkommen von Lebewesen zu einem bestimmten Zeitpunkt in der Vergangenheit bis zum Beginn der letzten Eiszeit zurück. Bohrt eine:r zum Beispiel 20 Meter in die Tiefe, ist das Eis dort ungefähr 30 Jahre alt.

All diese Geschichtenerzähler:innen oder -kurator:innen erzählen auf eine ungewöhnliche Art und Weise, *messy*, wenn eine:r will, explorativ – und partizipativ. Partizipatives Zusammenarbeiten, das stellt sich auch die Philosophin Isabelle Stengers vor, ein kollaboratives Experimentieren, Schreiben, Denken:

> »Wir haben ein dringendes Bedürfnis nach *anderen* Geschichten, nicht nach Märchen, in denen für diejenigen, die reinen Herzens sind, alles möglich ist […], sondern nach Geschichten, die davon erzählen, wie Situationen umgewandelt werden können, wenn man denkt, dass sie umgewandelt werden

können, und zwar gemeinsam von denen, die sie erleben. [...] Kurz gesagt, Geschichten, die das gemeinsame Denken als eine zu leistende Arbeit darstellen.«[8]

Als einen solch experimentierenden Prozess könnten wir auch das aufmerksame Arbeiten mit Sprache und Narrativen sehen – das Schreiben als Medium bietet sich dazu förmlich an. Auch das Recherchieren und Aufschreiben dokumentarischer Geschichten ist ein Prozess, der *messy* ist, immer wieder Überarbeitung braucht: Rückmeldungen werden eingearbeitet, eine kluge Pointe, die einem oder einer gerade erst einfällt, eingefügt, die Kollegin ruft mit Feedback an, ein Informant, der sich erst jetzt gemeldet hat, bringt noch eine wichtige Perspektive ein. »Writing is re-writing«, lautet ein Journalist:innen-Bonmot aus dem englischsprachigen Raum: Alles Schreiben ist ein Immer-wieder-Umschreiben.

»Wir verdrängen die Krise, während und indem wir darüber sprechen. Nur, wenn das so ist, dann kann doch mit den Wörtern etwas nicht stimmen«, schrieb Journalist Bernd Ulrich in der Wochenzeitung *Die Zeit* 2021. Dabei: Liegt es nicht gerade an uns Geschichtenerzähler:innen, dass wir *versuchen,* die Krise (be-)greifbar zu machen? Dass wir – mit Wittgenstein – unseren Gebrauch von Sprache, unseren Gebrauch von Erzählungen diesbezüglich hinterfragen? Wir alle erschreiben uns diese Wörter, diese Narrative doch laufend selbst. Die in diesem Kapitel und im gesamten Buch vorgestellten Erzähler:innen haben bereits damit begonnen, dies im Sinne eines ökologischen Journalismus, im Sinne einer *futures literacy* zu tun.

Der »konstruktive« Journalismus soll nicht abgeschafft werden. Mit seiner Lösungsfixiertheit birgt er jedoch die Gefahr, Probleme zu vereinfachen und zu beschwichtigen. Es gilt, gerade auch die komplexen und verworrenen, die widersprüchlichen und unberechenbaren Geschichten – des Lebendigen und des Sterbenden, des Schönen und des Hässlichen – zu erzählen, wie sie aus Mündern und Mäulern, aus Taschen, Gruben und anderen Öffnungen dringen, wenngleich oft nicht sofort verständlich. Wir könnten ihnen Aufmerksamkeit schenken, in der Hoffnung, dass das ausreicht.

Vielleicht tut es das aber auch nicht.

Epilog

Erinnern Sie sich noch an die Bootsfahrt in Irland, von der ich Ihnen am Anfang dieses Buches erzählte? Ich fühlte mich schrecklich auf jener Fähre nach Tory Island. Ich fühlte mich aber auch schrecklich, weil ich während der abenteuerlichen Überfahrt und noch lange danach daran denken musste, wie Bootsflüchtlinge sich auf ihren Bootsfahrten fühlen mögen. Wie pathetisch. Durfte ich das überhaupt? War das nicht eine groteske Anmaßung, anzunehmen, dass ich von meiner unbedarften Urlaubsfahrt auf eine mutmaßlich ausweglose Lage unter völlig unbekannten Umständen schließen könnte? War das ein »Sich-verwandt-Machen« oder ein gedanklicher Übergriff? Ich weiß es nicht. Ich fühle mich beim Nachdenken und beim Schreiben darüber ausgesetzt. Und ich kann dabei nicht unschuldig bleiben, nicht als Erzählende, nicht als Mensch. Vielleicht ist dieses Nachdenken jene »Unruhe«, zu der Haraway uns aufruft. Angenehm jedenfalls ist sie nicht.

»Ihr Europäer glaubt immer noch, die ganze Welt will zu euch«, sagt Moustapha Kebbé in Louga, Senegal, laut einer *Zeit*-Journalistin, die Kebbé in ihrer Kolumne zitiert. Er leitet dort ein staatliches Büro, das Migrant:innen berät. Die Journalistin schreibt: »Das Erste, was einem als Deutsche hier [in Westafrika, Anm.] auffällt: Diese Leute kommen in unseren Debatten so gut wie nicht vor. Jedenfalls nicht als Menschen, die etwas zu sagen haben.«[1]

Wenn sie am Wort sind, dann könnten wir noch einmal zum Horizont blicken. Und bemerken, dass die Welt sich nicht um uns dreht.

Hinweis

Die Idee für dieses Buch entstammt meinem Artikel »Von der Dringlichkeit der Ewigkeitsaufgaben«, der 2023 in *Futures Literacy. Zukunft lernen und lehren* (Sippl, Carmen/Brandhofer, Gerhard/Rauscher, Erwin; Hrsg.) erschien. Einzelne, kurze Passagen aus diesem Buch erschienen in veränderter Form in drei Artikeln des Monatsmagazins *Datum:* »In neuen Mustern denken« (September 2021), »Öffnet die Ställe!« (Oktober 2019) und »Ausbildung« (Juli 2019).

Danke

Danke an meine Interviewpartner:innen in diesem Buch: Christian Haring, Fabian Holzinger, Daniela Prugger sowie Belinda Kazeem-Kamiński für die freundliche Genehmigung des Abdruckes von *In Remembrance to the Man Who Became Known as Angelo Soliman, (Ante Mortem) I and (Post Mortem) II*. Danke an meine Freundes- und Kolleg:innenkreise für Hinweise und Unterstützung, Feedback und Inspiration, insbesondere an: das *andererseits*-Team, Joy Apata, Lisa-Marie Gotsche, Andreas Klambauer, Lisa Kreutzer, Katharina Oke, Marion Puchegger, Anneliese Rohrer, Christoph Schachenhofer (Lektorat), Carmen Sippl, Kerstin Weich, Verena Winiwarter. Danke an meine Familie, insbesondere Lucia und Sean.

Anmerkungen

Kapitel 1

1 Für umfangreiche Literatur zur Helden- oder auch Held:innenreise schlagen Sie nach bei Autor:innen wie Joseph Campbell, Syd Field etc. Ich habe mich dagegen entschieden, dieses Narrativ in meinem Buch im Detail vorzustellen.

Kapitel 2

1 Vgl. Winiwarter/Bork (2014): Umweltgeschichte, S. 44.

2 Vgl. dazu zahlreiche wissenschaftliche und redaktionelle Beiträge aus 2021/22, z. B. Supran/Oreskes (2021): Rhetoric and frame analysis of ExxonMobil's climate change communications; McMullen/Mohammad/Barnwell (2022): Big Oil vs the World.

3 Han (2023): Krise der Narration, S. 92.

4 Ebd.

5 Vgl. dazu zahlreiche Beispiele aus Journalismus (z. B. auch Journalist:innenkurse zum Thema »Heldenreise«) und Wissenschaft, z. B. Dreyer (2021): Heldenreisen kritisch hinterfragt.

6 Die sensationslustige Schilderung einer Apokalypse als Katastrophenszenarium mögen dem Storyselling dienen, wohl aber nicht im Sinne eines ökologischen Erzählens, auf das ich hinauswill, weswegen diese Möglichkeit hier nicht näher behandelt wird.

7 Greenspoon et al. (2023): The global biomass of wild mammals.

8 Ebd.

9 Die ökologischen oder planetaren Belastungsgrenzen stellen jenes Ausmaß dar, »in dem neun für das Erdsystem fundamentale Faktoren einen Schwellenwert überschreiten«, innerhalb dessen wir Menschen gut leben können. Als Vergleichsbasis dient ein Zustand der Welt etwa um das Jahr 1700. Zu den neun Faktoren zählen u. a.: Klimakrise, Artensterben, Partikelverschmutzung der Atmosphäre oder Ozeanversauerung. (Vgl. Horn/Bergthaller [2019]: Anthropozän, S. 31)

10 Richardson et al. (2023): Earth beyond six of nine planetary boundaries.

11 Horn/Bergthaller (2019): Anthropozän, S. 30.

12 Scherer (2022): Der Angriff der Zeichen, S. 33.

13 Ebd., S. 25.

14 Der Begriff »Nachhaltigkeit« geht zurück auf Hans Carl von Carlowitz, der Anfang des 18. Jahrhunderts beobachtete, wie Holz aufgrund von Bergbau- und Verhüttungsaktivität in Europa zum limitierenden Faktor wurde, und für eine nachhaltige Waldbewirtschaftung plädierte (vgl. Borsdorf/Jungmeier [2020]: Das Weltnetz der Biosphere Reserves im Spiegel des

Nachhaltigkeitskonzepte, S. 7ff). Auch im aktuellen Sprachgebrauch bezieht der Begriff sich auf die Nutzung einer Ressource bei deren gleichzeitigem Erhalt (»nachwachsende Rohstoffe«, »erneuerbare Energie«).

15 Von Umwelthistoriker:innen werden diese Entwicklungen als »Risikospiralen« beschrieben – in deren Sinn sollen sie eigentlich zu einer »vorsorgenden Innovationskultur« beitragen. (Vgl. Winiwarter [2021]: Umweltgeschichte verstummt in Plutopia, S. 39)

16 Siehe dazu etwa Davis/Faurby/Svenning (2018): Mammal diversity will take millions of years to recover from the current biodiversity crisis.

17 Vgl. Winiwarter (2021): Umweltgeschichte verstummt in Plutopia.

18 Stengers (2015): In Catastrophic Times. Resisting the Coming Barbarism.

19 Haraway (2018): Unruhig bleiben, S. 9.

20 Ebd., S. 54ff.

21 Zu den wenigen Ausnahmen zählt u.a. der viel beachtete Artikel »What If We Stopped Pretending?« (2019) des Autors Jonathan Franzen im US-Magazin *New Yorker*.

22 Winiwarter (2021): Umweltgeschichte verstummt in Plutopia, S. 49.

23 Ebd., 42.

24 Mit »Gaia« bezieht Stengers sich auf ein planetarisches Konzept der beiden Forscher:innen James Lovelock und Lynn Margulis, das die Summe aller Lebensprozesse auf der Erde bezeichnet. (Vgl. Stengers [2015]: In Catastrophic Times, ePub)

25 Stengers (2015): In Catastrophic Times, ePub. »No future can be foreseen in which she [Gaia] will give back to us the liberty of ignoring her. It is not a matter of a ›bad moment that will pass‹, followed by any kind of happy ending – in the shoddy sense of a ›problem solved‹. […] We will have to go on answering for what we are undertaking in the face of an implacable being who is deaf to our justifications.« (Übers. v. Verf.)

26 Steurer (2022): Diese Angst vor einer Klimakatastrophe ist zu 100 Prozent auf wissenschaftlichen Fakten beruhend.

27 Vgl. Lampert/Wespe (2012): Storytelling für Journalisten, 76f.

28 Die Wiener Wochenzeitung *Falter* fragte etwa im Oktober 2023 (Kropshofer [2023]: Reportagen aus der heißen Welt): »Wie kommuniziert man eine Krise, die zu groß ist für die tägliche Berichterstattung?«.

29 Vgl. Haraway (2018): Unruhig bleiben, S. 53.

Kapitel 3

1 Vgl. Sippl/Brandhofer/Rauscher (2023): Futures Literacy.

2 Unesco (2024): What Is Futures Literacy? »Futures Literacy […] is the capability of imagining diverse and multiple futures, and using futures as lenses through which we look at the present anew.« (Übers. v. Verf.)

3 Haraway (2018): Unruhig bleiben, S. 9.

4 Unesco (2024): Futures Literacy. »Being futures-literate empowers the imagination. It enhances our ability to prepare, recover and invent in the face of change.« (Übers. v. Verf.)

5 Vgl. Odell (2021): Nichts tun, S. 95ff.

6 Ebd., S. 157.

7 Vgl. ebd., S. 122f.

8 Ebd., S. 163f.

9 Williams (2015): Why It's OK to Block Ads. »We experience the externalities of the attention economy in little drips, so we tend to describe them with words of mild bemusement like ›annoying‹ or ›distracting‹. But this is a grave misreading of their nature. In the short term, distractions can keep us from doing the things we want to do. In the longer term, however, they can accumulate and keep us from living the lives we want to live, or, even worse, undermine our capacities for reflection and self-regulation [...].« (Übers. v. Verf.)

10 Stengers (2015): In Catastrophic Times, ePub. »There will be no response other than the barbaric if we do not learn to couple together multiple, divergent struggles and engagements in this process of creation, as hesitant and stammering as it may be.« (Übers. v. Verf.)

11 Haraway (2018): Unruhig bleiben, S. 54.

12 Haraway (2018): Unruhig bleiben, S. 54.

13 Ebd., S. 175ff.

14 Ebd., S. 180f.

15 Stengers/Despret/Collective (2020): Women Who Make a Fuss, S. 162f., übersetzt nach Haraway (2018): Unruhig bleiben, S. 181.

16 Haraway (2018): Unruhig bleiben, S. 181.

17 Ebd., S. 140ff.

18 Vgl. ebd., S. 280.

19 Ebd., S. 142.

20 Vgl. hooks (2015): Talking Back, S. 42ff.

21 Diamond (2012): Menschen, Tiere und Begriffe, S. 103.

Welchen Auftrag haben Held:innen, wenn Probleme unlösbar sind?

1 Scherer (2022): Der Angriff der Zeichen, S. 201.

Kapitel 4

1 Der konservative Disney-Konzern weist zum Teil selbst auf kulturelle Aneignung oder Rassismus in seinen Produktionen hin (vgl. z. B. Al-Youssef: Rassismus und Sexismus in alten Filmen). Dennoch wähle ich hier das Beispiel *Encanto*, weil darin einige Elemente der Idee des ökologischen Erzählens repräsentiert sind.

2 Vgl. Le Guin (2021): Die Tragetaschentheorie des Erzählens, S. 15f.

3 Ebd., S. 19.

4 Ebd., S. 17.

5 Ebd., S. 12.

6 Jonas (2001): Das Prinzip Leben, S. 184.

7 Vgl. Kleindorfer (2024): Die erstaunliche Welt der Graugänse, S. 172.
8 Scherer (2022): Der Angriff der Zeichen, S. 29.
9 Ebd., S. 30.
10 Vgl. Ovid (1990): Metamorphosen, S. 93f.
11 Scherer (2022): Der Angriff der Zeichen, S. 30.
12 Ebd.
13 Ebd.
14 Le Guin (2021): Die Tragetaschentheorie des Erzählens, S. 18.
15 Ebd.
16 Vgl. ebd., S. 18f.
17 Knight (2017): »London Bridge is down«.
18 Rimi (2022): BBC news presenters wear black as schedule pulled over Queen health fears.
19 Le Guin (2021): Die Tragetaschentheorie des Erzählens, S. 19.
20 Haraway (2018): Unruhig bleiben, S. 74.
21 Odell (2021): Nichts tun, S. 268.
22 Ebd.
23 Keegan (2021): Kleine Dinge wie diese, S. 64.

Kapitel 5

1 »Ich widerspreche mir selbst, ich verwandle mich.« (Übers. v. Verf.)
2 Prugger, Interview m. d. Verf., 4.11.2023.
3 Haraway (2018): Unruhig bleiben, S. 9.
4 Ovid (1990): Metamorphosen, S. 354.
5 Müller-Seidel (2000): Literarische Moderne und Erster Weltkrieg.
6 Prugger (2023): »Ich kann das nicht, jemanden töten«.
7 Prugger (2022): Leben in Charkiw.
8 Prugger, Interview m. d. Verf.
9 Mit Dank an Anneliese Rohrer für den Hinweis auf diese prägnante Wendung aus dem Englischen.
10 Wittgenstein (2013): Philosophische Untersuchungen, §42.
11 Ebd., §23.
12 Ebd., §19.
13 Hondl (2022): Buchpreis für Kim de l'Horizon.
14 De l'Horizon (2022): Blutbuch, S. 34f.
15 Vgl. Lampert/Wespe (2012): Storytelling für Journalisten, S. 13ff.
16 Demuth (2021): Living in the bones. »I read, shortly before coming to the Arctic, that the air over northern Canada had warmed 2.3 degrees Celsius in the years since Stanley was born. The

same atmospheric warmth provoking the charismatic dissolution of Greenland or Antarctic glaciers is at work on the flatlands of Ch'izhìn Njik. The permafrost […] is liquifying. But knowing causes is not the same as making sense. The earth is ceasing to cohere: how to make that coherent? The way I know to do this is with the pattern of a story. But what we see on the river has no end. We are telling from a middle or a beginning, with no view of where it will resolve. It is simpler to tell the end of the moose, for it is clear why she dies. Her body will feed us and others back in town. Stanley slows the boat and brings out his rifle. I take the wheel. He sights her in the scope at fifty yards. Her ears prick in alarm.« (Übers. v. Verf.)

17 Ebd. »Just as there is no ease in killing, there is labor in gratitude, and an acute sense of our dependence on this animal.« (Übers. v. Verf.)

18 Odell (2021): Nichts tun, S. 29.

19 Senarclens de Grancy (2023): »Müssen auch Nachtseite der Forschung zeigen«.

20 Kotynek (2023): Droht die illiberale Demokratie?

21 Kazeem-Kamiński/Faucheret (2021): Im Gespräch, S. 45.

22 Vgl. Lamott (1995): Bird by Bird.

23 Vgl. Cameron (2003): Von der Kunst des Schreibens.

24 Lamott (1995): Bird by Bird, S. 21. »All good writers write them. This is how they end up with good second drafts and terrific third drafts.« (Übers. v. Verf.)

25 Kleindorfer (2024): Die erstaunliche Welt der Graugänse, S. 55f.

26 Ebd., S. 56.

27 Als *critter* wird im Amerikanischen »alles mögliche Getier« bezeichnet, was Haraway-Übersetzerin Karin Harrasser anmerkt (Haraway [2018]: Unruhig bleiben, S. 231), um ihre Übersetzung »Kritter« zu begründen.

28 Haraway (2018): Unruhig bleiben, S. 9.

29 Ebd., S. 13.

Kapitel 6

1 *andererseits* (2022): Das Spendenproblem.

2 Bundesministerium für Soziales, Gesundheit, Pflege und Konsumentenschutz (2016): UN-Behindertenrechtskonvention, S. 5.

3 Österreichischer Behindertenrat (2023): Staatenprüfung 2023.

4 Mit Dank an Claudia Unterweger, deren Titel mich auf das gleichnamige Werk von bell hooks aufmerksam machte.

5 hooks: Talking Back (2015), S. 5ff.

6 Ebd., S. 7; »While punishing me, my parents often spoke about the necessity of breaking my spirit.« (Übers. v. V.)

7 Ebd., S. 8.

8 Ebd., S. 9.

9 Nietzsche (2024): Fröhliche Wissenschaft, § 260.

10 Kaltenbrunner/Lugschitz/Karmasin/Luef/Kraus (2020): Journalismusreport, S. 71f.

11 Kaltenbrunner/Lugschitz (2021): Diversity in Österreichs Redaktionen, S. 22.

12 Lt. Auskunft der Forschungseinrichtung Medienhaus Wien, 16.1.2024. Zwar erfüllen fünf der größten Medienhäuser Österreichs die im Behinderteneinstellungsgesetz festgeschriebene Beschäftigungspflicht, pro 25 Mitarbeiter:innen eine Person mit Behinderung zu beschäftigen (Eckelsberger et al. [2023]: Kein Ausgleich am Arbeitsmarkt, S. 58). Ob es sich dabei um journalistische oder nicht-journalistische Stellen handelt, bleibt unklar.

13 Garbsch (2023): Was heißt hier »behindert«?, S. 12.

14 Auszeichnung mit mehreren Journalismus-Preisen, u. a. Concordia-Preis 2023 in Österreich, Nominierung für den Grimme-Online-Award 2023 in Deutschland; *andererseits:* Über uns.

15 *andererseits* (2024): Redaktionelle Richtlinien.

16 Prodöhl (2023): Wie funktioniert die Arbeit in der Redaktion?

17 Vgl. Haraway (2018): Unruhig bleiben, S. 53.

18 Die Anwendung der Begriffe *bottom up* und *top down* auf Erzählstrukturen nahm die Verfasserin in ihrer beruflichen Praxis selbst auf.

19 Han (2023): Die Krise der Narration, S. 93.

20 Vgl. Burkart (1998): Kommunikationswissenschaft, S. 246f.

21 Mittelstaedt (2023): »Mister Message Control«: Wer hat Angst vor Gerald Fleischmann?

22 Moreno (2019): Tausend Zeilen Lüge, S. 260.

23 Ebd., S. 268.

24 Vgl. Kessler (2016): Das Interview überdenken, S. 151.

25 Kessler (2016): Das Interview überdenken, S. 149.

26 Ebd., S. 152.

27 Ebd., S. 153.

28 McAllister-Käfer (2021): Sie strickt gegen die Klimakrise.

29 Vgl. Girgensohn/Sennewald (2012): Schreiben lehren, schreiben lernen, S. 24ff.

30 Ebd., S. 30.

31 Ebd., nach Ronald T. Kellogg.

32 Ebd.

33 Vgl. Ebenführer (2023): »Es kann keinen objektiven Journalismus geben«.

34 Adichie (2009): Die Gefahr der einen einzigen Geschichte.

35 Ebd.

36 Piepzna-Samarasinha (2022): The Future Is Disabled.

Kapitel 7

1 NHK TV (1993): *Das Gewebe von Gaia.*

2 »Looks terrible to you probably, like vomit or something.« (Übers. v. Verf.)

3 »We call it the planetary petticoat, the undergarment of the earth.« (Übers. v. Verf.)

4 »Because they live of carbon dioxide, plentiful available. They live of sunlight as a source of energy. And water. And that's all.« (Übers. v. Verf.)

5 »Everyplace they go, they make oxygen bubbles. So they change the world.« (Übers. v. Verf.)

6 »People haven't solved that issue. People are ruining their environment. These bacteria are producing an environment that's liveable. So I think we have lots to learn from them.« (Übers. v. Verf.)

7 Lampert/Wespe (2012): Storytelling für Journalisten, S. 59.

8 Khorsand (2021): Pathos, S. 7.

9 Khorsand (2021): Pathos, S. 36f.

10 Czaja (2023): Rapperin Esra Özmen: »Ich genieße mein abgefucktes Leben«.

11 Milborn (2020): »Die Tschuschen haben den Gemeindebau gebaut [...]«.

12 Ebd.

13 Hodgkinson (2014): Anleitung zum Müßiggang, S. 8.

14 Ebd., S. 205.

15 Otoo (2021): Adas Raum, S. 289f.

Kapitel 8

1 Beaver Lab (2021): Linzer Biber belauschen.

2 Holzinger, Interview m. d. Verf., 10.10.2023.

3 Vgl. z. B. Watts (2021): Jane Goodall: »Change is happening«.

4 Haraway (2018): Unruhig Bleiben, S. 139.

5 Genesis, 1,28.

6 Kimmerer (2021): Geflochtenes Süßgras, S. 19f.

7 Ebd.

8 Margulis/Sagan (1999): Leben, S. 54.

9 Nabu Sachsen (2024): Biber.

10 WWF (2021): 6 bittere Fakten über Österreichs Auen, Flüsse und Moore.

11 Umweltbundesamt (2024): Renaturierung von Fließgewässern.

12 Diese Richtlinie, kurz WRRL, vereinheitlicht die europäische Wasserpolitik und will die Wassernutzung »nachhaltig und umweltverträglich« gestalten (vgl. Bundesministerium für Land- und Forstwirtschaft, Regionen und Wasserwirtschaft: Die EU-Wasserrahmenrichtlinie).

13 Scheub/Schwarzer (2023): Aufbäumen gegen die Dürre, S. 89ff.

14 Ebd., S. 92.

15 Hance (2023): Nasa Satellites Reveal Restoration Power of Beavers.

16 Ebd.

17 ORF Burgenland (2023): Biberdamm sorgt für Probleme in Eltendorf.

18 Ebd.

19 Ebd.

20 Nabu Sachsen (2024): Biber.

21 Bundesamt für Naturschutz (2024): Castor fiber – Biber.

22 Bund Naturschutz (2024): Biberschutz.

23 Scherer (2022): Der Angriff der Zeichen, S. 48.

24 Haraway (2018): Unruhig bleiben, S. 10f.

25 Ebd., S. 142.

26 Vgl. Harari (2015): Eine kurze Geschichte der Menschheit, S. 105f.

27 Ebd., S. 106.

28 Haraway (2018): Unruhig bleiben, S. 139f.

29 Stöger (2023): Von singenden Mäusen und quietschenden Elefanten, S. 62.

30 Vgl. ebd., S. 63.

31 Kleindorfer (2024): Das erstaunliche Leben der Graugänse, S. 38.

32 Ebd.

33 Bugnyar (2022): Raben, S. 111f.

34 Ebd., S. 112.

35 Haraway (2018): Unruhig bleiben, S. 74.

Kapitel 9

1 Siehe dazu etwa eine Studie des deutschen Informations- und Telekommunikationsbranchenverbandes Bitkom (2023; mit 1.159 Befragten repräsentativ): 43 Prozent aller Deutschen ab 16 Jahre hören »zumindest hin und wieder« Podcasts.

2 Vgl. Wehling (2016): Politisches Framing.

3 El Ouassil/Karig (2022): Der erzählende Affe, S. 458.

4 Radatz (2018): Beratung ohne Ratschlag, S. 47.

5 Ebd., S. 49.

6 Kojer (2009): Alt, krank und verwirrt, S. 47.

7 Ebd., S. 38.

8 Ebd.

9 Waldenfels (2007): Antwortregister, S. 463.

10 Ebd., S. 490.

11 Vgl. Radatz (2018): Beratung ohne Ratschlag, S. 45.

12 Barišić (2019): Das Geschenk.

13 Ebd.

14 Radatz (2018): Beratung ohne Ratschlag, S. 67.

15 Burgen (2023): The bicibús: how Barcelona got kids cycling savely to school – and loving it!

16 Sawin (2023): I love rain gardens. »I love rain gardens, green roofs, community solidarity, living shorelines, resilience hubs and all the other wonderful ways to adapt to climate change

while making our communities healthier and more equitable and beautiful. And yet… these solutions have limits. They can't handle a months worth of rain in a day or temperatures that climb up and up and up. There are thresholds and non-linearities, and limits to coping.« (Übers. v. Verf.)

17 Sawin (2023): Everyone has to do something, but no one has to do everything.

18 Vgl. Haraway (2018): Unruhig bleiben, S. 175.

19 Odell (2021): Nichts tun, S. 191f.

20 Schutzbach (2021): Die Erschöpfung der Frauen, ePub.

Kapitel 10

1 Haring, Interview m. d. Verf., 20.12.2023.

2 Diamond (2012): Menschen, Tiere und Begriffe, S. 50.

3 Vgl. Winiwarter (2021): Umweltgeschichte verstummt in Plutopia, S. 40.

4 Diamond (2012): Menschen, Tiere und Begriffe, S. 50.

5 Schutzbach versteht darunter eine Überlastung, die daraus entsteht, dass von Frauen »nach wie vor erwartet [wird], dass sie *gebende* Menschen sind«, die anderen Unterstützung, Familien- und Hausarbeit, »Bewunderung, Liebe, Wohlwollen, Aufmerksamkeit Geborgenheit, Mitgefühl. Oder Sex" schulden (Schutzbach [2021]: Die Erschöpfung der Frauen, ePub).

6 Hausbichler (2021): Soziologin: »Bild der fürsorglichen Frau ist profitables Konzept«.

7 Diamond (2012): Menschen, Tiere und Begriffe, S. 51.

8 Jungnikl-Gossy (2014): Papa hat sich erschossen, S. 44.

9 Ebd.

10 Kazeem-Kamiński/Faucheret (2021): Werkbeschreibungen, S. 22.

11 Black Central Europe (2024): Angelo Soliman.

12 Unterweger (2016): Talking Back, S. 130.

13 Kazeem-Kamiński/Faucheret (2021): Werkbeschreibungen, S. 23.

14 Kazeem-Kamiński/Faucheret (2021): Im Gespräch, S. 45.

15 Ebd., S. 51.

16 Winiwarter (2021): Umweltgeschichte verstummt in Plutopia, S. 42f.

17 Ebd., S. 43.

18 Ebd., S. 45.

19 Vgl. ebd., S. 46.

20 Vgl. ebd., S. 54.

21 Ebd., S. 55.

22 Gespräch m. d. Verf., 25.11.2021.

23 Ö1 (2022): Klassik-Treffpunkt mit Michael Haneke.

24 Ebd.

25 Ebd.

26 Schutzbach (2021): Die Erschöpfung der Frauen, ePub.

27 McAllister-Käfer (2021): Sie strickt gegen die Klimakrise.

28 Haraway: Unruhig bleiben (2018), S. 180.

29 Sawin (2023): Everyone has to do something, but no one has to do everything. »I struggled a little bit to write this letter. I started and stopped, picked topics only to discard them time and again. The letter seemed to ›want‹ to be about bad news. The new study found that six out of nine planetary boundaries have been breached. The compilation of climate change indicators that are off the charts. ›I can't send that‹, went the voice in my head. ›People interested in multisolving want to take action, not wallow in despair.‹ So, I stepped away from the keyboard. Instead, I chopped vegetables for soup. Onions, garlic, sweet potatoes, peppers, and beans, all from our abundant late summer garden. I pulled on my boots went out in the rain to pick parsley and basil.« (Übers. v. Verf.)

30 Bachmann-Medick (2021): Über die »Infodemie« in der Pandemie.

Kapitel 11

1 Ebert (2022): Why AI treats men and women differently and what to do about it.

2 Yong (2023): Reporting on long covid taught me to be a better journalist.

3 Ebd. »An hourlong call could wreck someone for days. Knowing this, I started telling people upfront that they could end and reschedule the interview at the slightest inkling that their health might suffer – and some did pull that rip cord.« (Übers. v. Verf.)

4 Ebd. »Good journalists maintain a healthy distance from their sources, but this professional standard can morph into callousness: Staying independent can easily become, ›I behave how I want and you deal with it.‹ With long Covid, I bend to accommodate my sources' needs, not the other way around.« (Übers. v. Verf.)

5 Ebd.

6 Otto (2020): Wütendes Wetter, ePub.

7 Ebd.

8 Stengers (2015): In catastrophic times, ePub. »We have a desperate need for *other stories*, not fairy tales in which everything is possible for the pure of heart […], but stories recounting how situations can be transformed when thinking they can be, achieved together by those who undergo them. […] In short, histories that bear on thinking together as a work to be done.« (Übers. v. Verf.; Hervorhebung im Original)

Epilog

1 Böhm (2023): »Ihr Europäer glaubt immer noch, die ganze Welt will zu euch«.

Literatur

Adichie, Chimamanda Ngozi (2009): Die Gefahr der einen einzigen Geschichte, in: TED-Talk [https://www.ted.com/talks/chimamanda_ngozi_adichie_the_danger_of_a_single_story/transcript?language=de].

Al-Youssef, Muzayen (2020): Rassismus und Sexismus in alten Filmen: Wie Disney mit Leichen im Keller umgeht, in: *Der Standard,* 26.3.2020 [https://www.derstandard.at/story/2000117025356/rassismus-und-sexismus-in-alten-filmen-wie-disney-mit-leichen].

Amir, Fahim (2018): Schwein und Zeit. Tiere, Politik, Revolte, Nautilus Flugschrift.

andererseits (2022): Das Spendenproblem [https://andererseits.org/spendenproblem/].

andererseits (2024): Über uns & Redaktionelle Richtlinien [https://andererseits.org/ueber-uns/; [https://andererseits.org/redaktionelle-richtlinien/].

Bachmann-Medick, Doris (2021): Über die »Infodemie« in der Pandemie, in: *Der Standard,* 5.12.2021 [https://www.derstandard.de/story/2000131635216/corona-wissen-richtig-uebersetzen-ueber-die-infodemie-in-der-pandemie].

Barišić, Marija (2019): Das Geschenk, in: *Datum,* 11/2019 [https://datum.at/das-geschenk/].

Beaver Lab (2021): Linzer Biber belauschen [https://beaverlab.at/linzer-biber-belauschen].

Bitkom (2023): Deutsche hören im Schnitt fast drei Stunden Podcasts pro Woche [https://www.bitkom.org/Presse/Presseinformation/Deutsche-drei-Stunden-Podcasts-pro-Woche].

Black Central Europe (2024): Angelo Soliman [https://blackcentraleurope.com/quellen/1500-1750-deutsch/angelo-soliman-ca-1721-1796/].

Böhm, Andrea (2023): »Ihr Europäer glaubt immer noch, die ganze Welt will zu euch«, in: *Die Zeit,* 5.10.2023 [https://www.zeit.de/politik/ausland/2023-10/migration-afrika-europa-seenotrettung-menschenrechte-5vor8].

Borsdorf, Axel/Jungmeier, Michael (2020): Das Weltnetz der Biosphere Reserves im Spiegel des Nachhaltigkeitskonzeptes: Stand und Perspektiven. In: Borsdorf, Axel/Jungmeier, Michael /Braun, Valerie/Heinrich, Kati (Hrsg.): Biosphäre 4.0. UNESCO Biosphere Reserves als Modellregionen einer nachhaltigen Entwicklung, Springer, S. 3–30.

Bugnyar, Thomas (2022): Raben, Brandstätter.

Bund Naturschutz (2024): Biberschutz: Was den Biber heute bedroht [https://www.bundnaturschutz.de/tiere-in-bayern/biber/biberschutz].

Bundesamt für Naturschutz (2024): Castor fiber – Biber [https://www.bfn.de/artenportraits/castor-fiber#anchor-field-protection].

Bundesministerium für Land- und Forstwirtschaft, Regionen und Wasserwirtschaft (2024): Die EU-Wasserrahmenrichtlinie [https://info.bml.gv.at/themen/wasser/gewaesserbewirtschaftung/eu_wrrl.html].

Bundesministerium für Soziales, Gesundheit, Pflege und Konsumentenschutz (2016): UN-Behindertenrechtskonvention. Deutsche Übersetzung der Konvention und des Fakultativprotokolls [https://broschuerenservice.sozialministerium.at/Home/Download?publicationId=19].

Burgen, Stephen (2023): The bicibús: how Barcelona got kids cycling safely to school – and loving it! in: *The Guardian,* 4.10.2023 [https://www.theguardian.com/lifeandstyle/2023/oct/04/bicibus-how-barcelona-got-kids-cycling-safely-to-school].

Burkart, Roland (1998): Kommunikationswissenschaft. Grundlagen und Problemfelder, Böhlau.

Cameron, Julia (2003): Von der Kunst des Schreibens ... und der spielerischen Freude, Worte fließen zu lassen, Knaur.

Czaja, Wojciech (2023): Rapperin Esra Özmen: »Ich genieße mein abgefucktes Leben«, in: *Der Standard,* 25.9.2023 [https://www.derstandard.at/story/3000000187981/ich-genie223e-mein-abgefucktes-leben].

Davis, Matt/Faurby, Søren/Svenning, Jens-Christian (2018): Mammal diversity will take millions of years to recover from the current biodiversity crisis, in: *PNAS* 115/44 [https://www.pnas.org/content/115/44/11262].

De l'Horizon, Kim (2022): Blutbuch, Dumont.

Demuth, Bathsheba (2021): Living in the Bones, in: *Emergence Magazine,* 16.9.2021 [https://emergencemagazine.org/essay/living-in-the-bones/].

Diamond, Cora (2012): Menschen, Tiere und Begriffe, Suhrkamp.

Dreyer, Inga (2021): Heldenreisen kritisch hinterfragt [https://www.wissenschaftskommunikation.de/heldenreisen-kritisch-hinterfragt-51841/].

Ebenführer, Astrid (2023): »Es kann keinen objektiven Journalismus geben«, sagt Neurowissenschafterin Maren Urner, in: Der Standard, 2.5.2023 [https://www.derstandard.at/story/2000146034728/es-kann-keinen-objektiven-journalismus-geben-sagt-neurowis senschafterin-maren-urner].

Ebert, Alexandra (2022): Why AI treats men and women differently and what to do about it, in: The Fix Podcast, 31.3.2022 [https://www.thefixpodcast.org/episodes/alexandra-ebert-why-ai-treats-men-and-women-differently-and-what-to-do-about-it/].

Eckelsberger, Georg/Garbsch, Emilia/Hametner, Markus/Koss, Sarah Yolanda/Nadjafkhani, Armin/Winter, David Kizito/Zarinfard, Sahel (2023): Kein Ausgleich am Arbeitsmarkt, in: *Dossier andererseits,* 11/2023.

El Ouassil, Samira/Karig, Friedemann (2022): Erzählende Affen. Mythen, Lügen, Utopien, Ullstein.

Franzen, Jonathan (2019): What If We Stopped Pretending? In: *New Yorker,* 8.9.2019 [https://www.newyorker.com/culture/cultural-comment/what-if-we-stopped-pretending].

Garbsch, Emilia (2023): Was heißt hier »behindert«? in: *Dossier andererseits,* 11/2023.

Girgensohn, Katrin/Sennewald, Nadja (2012): Schreiben lehren, schreiben lernen, WBG.

Greenspoon, Lior/Krieger, Eyal/Sender, Ron/Rosenberg, Yuval/Bar-On, Yinon M./Moran, Uri/Antman, Tomer/Meiri, Shai/Roll, Uri/Noor, Elad/Milo, Ron (2023): The global biomass of wild mammals, in: *PNAS* 120/10 [https://www.pnas.org/doi/full/10.1073/pnas.2204892120].

Han, Byung-Chul (2023): Die Krise der Narration, Matthes & Seitz.

Hance, Jeremy (2023): Nasa Satellites Reveal Restoration Power of Beavers, in: *Mongabay,* 11.9.2023 [https://news.mongabay.com/2023/09/nasa-satellites-reveal-restoration-power-of-beavers/].

Harari, Yuval Noah (2015): Eine kurze Geschichte der Menschheit, Pantheon.

Haraway, Donna J. (2018): Unruhig bleiben. Die Verwandtschaft der Arten im Chthuluzän, Campus.

Hausbichler, Beate (2021): Soziologin: »Bild der fürsorglichen Frau ist profitables Konzept«, in: *Der Standard,* 22.11.2021 [https://www.derstandard.at/story/2000131162545/soziologin-bild-der-fuersorglichen-frau-ist-profitables-konzept].

Hodgkinson, Tom (2014): Anleitung zum Müßiggang, Insel.

Hondl, Kathrin (2022): Buchpreis für Kim de l'Horizon, in: NDR Kultur, 18.10.2022 [https://www.ndr.de/kultur/buch/Deutscher-Buchpreis-fuer-Kim-de-lHorizon-Ein-Buch-der-Angst,blutbuch104.html].

hooks, bell (2015): Talking Back. Thinking Feminist, Thinking Black, Routledge.

Horn, Eva/Bergthaller, Hannes (2019): Anthropozän zur Einführung, Junius.

Jonas, Hans (1994): Das Prinzip Leben. Ansätze zu einer philosophischen Biologie, Suhrkamp.

Jungnikl-Gossy, Saskia (2014): Papa hat sich erschossen, Fischer.

Kaltenbrunner, Andy/Lugschitz, Renée/Karmasin, Matthias/Luef, Sonja/Kraus, Daniela (2020): Der österreichische Journalismus-Report. Eine empirische Erhebung und eine repräsentative Befragung, Facultas.

Kaltenbrunner, Andy/Lugschitz, Renée (2021): Diversity in Österreichs Redaktionen, in: *Medien-Journal,* 4–2021, S. 3–26.

Kazeem-Kamiński, Belinda/Faucheret, Anne (2021): Werkbeschreibungen & Im Gespräch, in: Ausstellungskatalog Belinda Kazeem-Kamiński, Kunsthalle Wien, S. 22–23; S. 44–53.

Keegan, Claire (2023): Kleine Dinge wie diese, Steidl.

Kessler, Lauren (2016): Das Interview überdenken, in: Gute Texte. Essays über die Kunst des Schreibens, Facultas, S. 148–155.

Khorsand, Solmaz (2021): Pathos, Kremayr-Scheriau.

Kimmerer, Robin Wall (2021): Geflochtenes Süßgras, Aufbau.

Kleindorfer, Sonia (2024): Die erstaunliche Welt der Graugänse, Brandstätter.

Knight, Sam (2017): »London Bridge is down«: The secret plan for the days after the Queen's death, in: *The Guardian,* 17.3.2017 [https://www.theguardian.com/uk-news/2017/mar/16/what-happens-when-queen-elizabeth-dies-london-bridge].

Kojer, Marina (Hrsg., 2009): Alt, krank und verwirrt. Einführung in die Praxis der Palliativen Geriatrie, Lambertus.

Kotynek, Martin (2023): Droht die illiberale Demokratie? in: Der Standard, 19.10.2023 [https://www.derstandard.at/story/3000000191668/droht-die-illiberale-demokratie?ref=nl].

Kropshofer, Katharina (2023): Reportagen aus der heißen Welt, in: *Falter*, 9.10.2023 [https://www.falter.at/zeitung/20231009/reportagen-aus-der-heissen-welt].

Lamott, Anne (1995): Bird by Bird. Some Instructions on Writing and Life, Anchor Books.

Lampert, Marie/Wespe, Rolf (2012): Storytelling für Journalisten, UVK.

Le Guin, Ursula K. (2021): Die Tragetaschentheorie des Erzählens, in: Am Anfang war der Beutel, Thinkoya, S. 12–21.

Margulis, Lynn/Sagan, Dorion (1999): Leben. Vom Ursprung zur Vielfalt, Spektrum Akademischer Verlag.

McAllister-Käfer, Patricia (2021): Sie strickt gegen die Klimakrisen, in: *Die Zeit*, 24.7.2021 [https://www.zeit.de/2021/30/klimakrise-stricken-wissenschaft-verena-winiwarter-handarbeit/komplettansicht].

McMullen, Jane/Mohammad, Gesbeen/Barnwell, Robin (2022): Big Oil vs the World tells the 40 year story of how the oil industry delayed action on climate change, in: BBC Media Centre, 21.7.2022 [https://www.bbc.com/mediacentre/2022/big-oil-vs-the-world].

Milborn, Corinna (2020): »Die Tschuschen haben den Gemeindebau gebaut, das soll Blümel nicht vergessen«, in: *Die Zeit*, 11.10.2020 [https://www.zeit.de/2020/42/esra-oezmen-rapperin-rassismus-wahlkampf-wien-oesterreich/komplettansicht].

Mittelstaedt, Katharina (2023): »Mister Message Control«: Wer hat Angst vor Gerald Fleischmann? in: *Der Standard*, 11.2.2023 [https://www.derstandard.at/story/2000143433508/mister-message-control-wer-hat-angst-vor-gerald-fleischmann].

Moreno, Juan (2019): Tausend Zeilen Lüge. Das System Relotius und der deutsche Journalismus, Rohwolt.

Müller-Seidel, Walter (2000): Literarische Moderne und Erster Weltkrieg. Arthur Schnitzler in dieser Zeit [https://literaturkritik.de/id/7362].

Nabu Sachsen (2024): Biber [https://sachsen.nabu.de/tiereundpflanzen/saeugetiere/biber/index.html].

NHK TV (1993): *Das Gewebe von Gaia* [https://critical-zones.zkm.de/#!/detail:lynn-margulis-archive-arbeitstitel].

Nietzsche, Friedrich (2024): Fröhliche Wissenschaft, § 260 [https://www.projekt-gutenberg.org/nietzsch/wissensc/chap005.html].

Ö1 (2022): Michael Haneke, in: Klassik-Treffpunkt,19.3.2022.

Odell, Jenny (2021): Nichts tun. Die Kunst, sich der Aufmerksamkeitsökonomie zu entziehen, C. H. Beck.

Otoo, Sharon Dodua (2021): Adas Raum, S. Fischer.

Otto, Friederike (2020): Wütendes Wetter, Ullstein.

Ovid (1990): Metamorphosen, Insel.

ORF Burgenland (2023): Biberdamm sorgt für Probleme in Eltendorf [https://burgenland.orf.at/stories/3227456/].

Österreichischer Behindertenrat (2023): Staatenprüfung 2023 [https://www.behindertenrat.at/staatenpruefung-2023/].

Piepzna-Samarasinha, Leah Lakshmi (2022): The Future Is Disabled. Prophecies, Love Notes and Mourning Songs, Arsenal Pulp Press.

Prodöhl, Nikolai (2024): Wie funktioniert die Arbeit in der Redaktion? in: Newsletter *andererseits*, 2.1.2024.

Prugger, Daniela (2022): Leben in Charkiw: »Wir nennen es russisches Roulette«, in: Der Standard, 4.8.2022 [https://www.derstandard.at/story/2000138004955/leben-in-charkiw-wir-nennen-es-russisches-roulette].

Prugger, Daniela (2023): »Ich kann das nicht, jemanden töten«, in: *WOZ*, 1.6.2023 [https://www.woz.ch/2322/kriegsdienst-in-der-ukraine/ich-kann-das-nicht-jemanden-toeten/!RKBVSY76C3XM].

Radatz, Sonja (2018): Beratung ohne Ratschlag. Systemisches Coaching für Führungskräfte und BeraterInnen, Verlag Systemisches Management.

Richardson, Katherine/Steffen, Will/Lucht, Wolfgang/Bendtsen, Jørgen/Cornell, Sarah E./Donges, Jonathan F./Drüke, Markus/Fetzer, Ingo/Bala, Govindasamy/von Bloh, Werner/Feulner, Georg/Fiedler, Stephanie/Gerten, Dieter/Gleeson, Tom/Hofmann, Matthias/Huiskamp, Willem/Kummu, Matti/Mohan, Chinchu/Nogués-Bravo, David/Petri, Stefan/Porkka, Miina/Rahmstorf, Stefan/Schaphoff, Sibyll/Thonicke, Kirsten/Tobian, Arne/Virkki, Vili/Wang-Erlandsson, Lan/Weber, Lisa/Rockström, Johan (2023): Earth beyond six of nine planetary boundaries, in: *Science Advances* 9, 37 [https://www.science.org/doi/10.1126/sciadv.adh2458].

Rimi, Aisha (2022): BBC news presenters wear black as schedule pulled over Queen health fears, in: *The Independent,* 8.9.2022 [https://www.independent.co.uk/news/uk/home-news/bbc-presenters-wear-black-queen-health-b2162787.html].

Sawin, Elizabeth (2023): Everyone has to do something, but no one has to do everything, in: Newsletter Multisolving Institute, 11.10.2023.

Sawin, Elizabeth (2023): I love rain gardens, in: Twitter/X, 21.7.2023 [https://twitter.com/bethsawin/status/1682489414922936320?t=MzzvIBIkAOVjy1XmitJXCA&s=03].

Scherer, Bernd (2022): Der Angriff der Zeichen, Matthes & Seitz.

Scheub, Ute/Schwarzer, Stefan (2023): Aufbäumen gegen die Dürre. Wie uns die Natur helfen kann, den Wassernotstand zu beenden, oekom.

Schutzbach, Franziska (2021): Die Erschöpfung der Frauen. Wider die weibliche Verfügbarkeit, Droemer.

Senarclens de Grancy, Alice (2023): »Müssen auch Nachtseite der Forschung zeigen«, in: *Die Presse,* 2.9.2023.

Sippl, Carmen/Brandhofer, Gerhard/Rauscher, Erwin (Hrsg., 2023): Futures Literacy. Zukunft lernen und lehren, Studienverlag.

Stengers, Isabelle (2015): In Catastrophic Times. Resisting the Coming Barbarism, Open Humanities Press.

Stengers, Isabelle/Despret, Vinciane/Collective (2020): Women Who Make a Fuss. The Unfaithful Daughters of Virginia Woolf, University of Minnesota Press.

Steurer, Reinhard (2022): Diese Angst vor einer Klimakatastrophe ist zu 100 Prozent auf wissenschaftlichen Fakten beruhend, in: Twitter/X, 17.3.2022 [https://twitter.com/ReiSteurer/status/1504493698603753476?t=ZqS0s1oylovg0VJm__EFOA&s=03].

Stöger, Angela (2021): Von singenden Mäusen und quietschenden Elefanten, Brandstätter.

Supran, Geoffrey/Oreskes, Naomi (2021): Rhetoric and frame analysis of ExxonMobil's climate change communications, in: One Earth, 4 (5) [https://www.sciencedirect.com/science/article/pii/S2590332221002335].

Ulrich, Bernd (2021): Warum, zur Hölle? in: *Die Zeit*, 21.10.2021.

Umweltbundesamt (2024): Renaturierung von Fließgewässern [https://www.umweltbundesamt.de/themen/wasser/fluesse/gewaesserrenaturierung-start].

Unesco (2024): Futures Literacy [https://en.unesco.org/futuresliteracy/about].

Unesco (2024): What Is Futures Literacy? [https://futuresliteracy.net/].

Unterweger, Claudia (2016): Talking Back. Strategien Schwarzer österreichischer Geschichtsschreibung, Zaglossus.

Waldenfels, Bernhard (2007): Antwortregister, Suhrkamp.

Watts, Jonathan (2021): Jane Goodall: »Change is happening. There are many ways to start moving in the right way«, in: *The Observer*, 3.1.2021 [https://www.theguardian.com/environment/2021/jan/03/jane-goodall-change-is-happening-there-are-many-ways-to-start-moving-in-the-right-way].

Wehling, Elisabeth (2016): Politisches Framing. Wie eine Nation sich ihr Denken einredet – und daraus Politik macht, Herbert von Halem Verlag.

Williams, James (2015): Why It's OK to Block Ads [http://blog.practicalethics.ox.ac.uk/2015/10/why-its-ok-to-block-ads/].

Winiwarter, Verena/Bork, Hans-Rudolf (2014): Umweltgeschichte: Ein Plädoyer für Rücksicht und Weitsicht, Picus.

Winiwarter, Verena (2021): Umweltgeschichte verstummt in Plutopia. Von der (Un-) Möglichkeit, die nukleare Zivilisation zur Sprache zu bringen, in: Mattfeldt, Anna/Schwegler, Carolin/Wanning, Berbeli (Hrsg.): Natur, Umwelt, Nachhaltigkeit. Perspektiven auf Sprache, Diskurse und Kultur, De Gruyter, S. 35–62.

Wittgenstein, Ludwig (2013): Philosophische Untersuchungen, Suhrkamp.

WWF (2021): 6 bittere Fakten über Österreichs Auen, Flüsse und Moore [https://www.wwf.at/6-bittere-fakten-ueber-oesterreichs-auen-fluesse-und-moore/].

Yong, Ed (2023): Reporting on Long Covid Taught Me to Be a Better Journalist, in: *The New York Times*, 11.12.2023 [https://www.nytimes.com/2023/12/11/opinion/long-covid-reporting-lessons.html].

Abbildungen

Kazeem-Kamiński, Belinda (2015): In Remembrance to the Man Who Became Known as Angelo Soliman, (Ante Mortem) I and (Post Mortem) II. Zwei C-Prints, gerahmt, je 47,6 x 71 cm. © Bildrecht, Wien 2024.

Über die Autorin

© Lisa-Marie Gotsche

Patricia McAllister-Käfer ist studierte und freie Journalistin. Sie ist Co-Autorin der prämierten Sachbücher »Raben« (Brandstätter 2022) und »Elefanten« (Brandstätter 2023). Zuletzt erschien »Die erstaunliche Welt der Graugänse« (Brandstätter 2024). Außerdem schreibt sie für *Die Presse, Datum* und das inklusive Onlinemagazin *andererseits* und setzt sich intensiv mit partizipativem Storytelling auseinander. Zu ihrem Newsletter »Narrativ naiv« können Sie sich auf ihrer Webseite www.textarbeit.at anmelden.